U0948343

京津冀开发区智库丛书

丛书主编　池宇

京津冀开发区产业协同发展研究

Research on the Industry Synergetic Development of Beijing-Tianjin-Hebei Development Zones

马立平　池　宇　刘　强
任　韬　阮　敬　著

首都经济贸易大学出版社

图书在版编目（CIP）数据

京津冀开发区产业协同发展研究 / 马立平，池宇，刘强等著.
-- 北京：首都经济贸易大学出版社, 2019.3
ISBN 978-7-5638-2915-6

Ⅰ. ①京… Ⅱ. ①马… ②池… ③刘… Ⅲ. ①区域经济发展—产业发展—协调发展—研究—华北地区 Ⅳ. ①F127.2

中国版本图书馆CIP数据核字（2019）第036087号

京津冀开发区产业协同发展研究
马立平 池宇 刘强 任韬 阮敬 著
Jingjinji Kaifaqu Chanye Xietong Fazhan Yanjiu

责任编辑 洪 敏
封面设计 陈 澍
出版发行 首都经济贸易大学出版社
地 址 北京市朝阳区红庙（邮编 100026）
电 话 （010）65976483 65065761 65071505（传真）
网 址 http://www.sjmcb.com
E-mail publish@cueb.edu.cn
经 销 全国新华书店
照 排 北京砚祥志远激光照排技术有限公司
印 刷 北京玺诚印务有限公司
开 本 710毫米×1000毫米 1/16
字 数 211千字
印 张 12
版 次 2019年3月第1版 2019年3月第1次印刷
书 号 ISBN 978-7-5638-2915-6/F · 1598
定 价 66.00元

总　序

General Introduction

位于华北平原的北京市、天津市、河北省，即京津冀地区，同属京畿重地，东濒渤海，西靠太行，自古以来地缘相接、人缘相亲、渊源久远、一脉相承。新中国成立以后，特别是改革开放以来，京津冀地区社会经济快速发展，以约占2.3%的国土面积，实现了约占全国10%的经济总量，成为中国北方经济规模最大、最具活力的地区，成为中国政治、文化、国家交往、科技创新、经济发展核心和辐射带动区。

2014年2月26日，习近平总书记在北京考察工作时指出：实现京津冀协同发展，是面向未来打造新的首都经济圈、推进区域发展体制机制创新的需要，是探索完善城市群布局和形态、为优化开发区域发展提供示范和样板的需要，是探索生态文明建设有效途径、促进人口经济资源环境相协调的需要，是实现京津冀优势互补、促进环渤海经济区发展、带动北方腹地发展的需要，是一个重大国家战略，要坚持优势互补、互利共赢、扎实推进，加快走出一条科学持续的协同发展路子来。

2015年4月30日，中共中央政治局会议审议通过《京津冀协同发展规划纲要》，明确了京津冀协同发展的战略意义、总体要求、定位布局和相关任务，描绘了京津冀协同发展的宏伟蓝图，为形成京津冀协同发展强大合力提出了行动指南。

国家级开发区作为体制改革的试验田、对外开放的窗口、经济发展的引擎，30多年来，为国民经济的发展做出了突出贡献。目前，国家级开发区（包括219个国家级经济技术开发区、145个国家级高新区）的GDP总量约占全国的25%，已成为科学技术创新、产业转型升级、企业提质增效、对外交流开放乃至国民经济整体发展的主力军、主战场和动力源。

在推动京津冀协同发展的历史潮流中，国家级开发区自觉地承担起应有的历史使命。2015年7月16日，京津冀13个国家级经济技术开发区与中国开发区协会、京津冀三地开发区协会等，在北京共同发起成立了“京津冀开发区创新发展联盟”。2016年4月1日，国务院办公厅印发了《关于完善国家级经济技术开发区考核制度促进创新驱动发展的指导意见》（国办发〔2016〕14号），文件中明确提出：“鼓励国家级经开区按照国家区域和产业发展战略共建跨区域合作园区和合作联盟。依托京津冀开发区创新发展联盟，促进常态化的产业合作、项目对接和企业服务，提升区域合作水平。”

新中国成立特别是改革开放以来，中国产业特别是制造业得到了跨越式的发展。2010年，中国超越美国成为全球制造业产出最高的国家。目前，中国制造业占全球制造业的比重已超过20%。在国际标准工业分类中，中国制造业在7个大类中占世界比重名列第一，钢铁、水泥、汽车等220多种工业品产量居世界第一位。

中国产业在快速发展中也显现出一些突出问题。与世界先进水平相比，中国制造业大而不强，在自主创新、资源利用、产业结构、质量效益、工匠精神和品牌建设等方面差距明显，转型升级和跨越发展任重道远。开发区作为产业发展的排头兵，在产业革命的机遇和挑战面前理应继续走在前面。

京津冀开发区产业协同发展和转型升级的关键在于创新，在于对国家重大战略的研究、落实，在于经济社会资源的整合、共享，在于发展和服务模式的探索、尝试。

“京津冀开发区智库丛书”将以京津冀开发区产业发展为核心，“立足区域、服务全国、辐射全球”，聚焦国家战略、反映历史进程、剖析实际问题、研究发展规律、探索创新路径。智库丛书内容涉及综合发展、产业经济、区域经济、投资促进、企业转型、技术创新、质量品牌、人力资源、投资融资和政策法规等多要素、多角度、多领域。

“京津冀开发区智库丛书”编写工作将以“京津冀开发区创新发展联盟”和首都经济贸易大学合作组建的“产业发展研究中心”为主要工作团队，坚持“政产学研用”协同创新原则，汇聚各方力量，互学互鉴，充分交流，共同探索创新发展新路径、共同培育创新发展新引擎。

京津冀开发区智库丛书编委会

2017年3月19日

General Introduction

Beijing City, Tianjin City and Hebei Province, known as the Jing-Jin-Ji region, located on the North China Plain, are the capital city and its environs. The east of the region is near Bohai and the west of it is near the Taihang Mountains. Since ancient times, they share the geographical boarders, population's interactions , the same history, and the same culture. Since the founding of The People's Republic of China, especially since China's reform and opening to the outside world, the social economy in Jing-Jin-Ji region has been enjoying rapid development. The limited 2.3% land area has yielded about 10% of the country's total economic output. Commonly regarded as the core area of politics, culture, international interaction, science and technology innovation, it has been the largest and most dynamic region in North China's economy, and it is also the core radiation area of national economic development.

On February 26, 2014, General Secretary Xi Jinping pointed out during his inspection work in Beijing: Achieving the coordinated development of Jing-Jin-Ji region is to build a new capital economic circle for the future, to push forward the innovation system and mechanism of regional development, to explore and perfect the layout and shape of the urban agglomeration and to provide an example and model for optimizing the development of the regional development; to explore and improve the layout and form of city group, to explore the ecological civilization construction, to promote the coordination of population, economy, resources and environment; to realize the complementary advantages of Jing-Jin-Ji region, to promote the development of the Bohai economic zone and to drive the development of the northern hinterland. It is a major national strategy to adhere to the principle of complementary advantages and solid progress, to speed up a scientific and sustained way of coordinated development.

In April 30, 2015, *The Jing-Jin-Ji Collaborative Development Plan* was approved by the Political Bureau of the Central Committee Meeting, clarifying the strategic significance of the coordinated development of Jing-Jin-Ji region, the general requirements, the location layout and the related tasks. It also described the grand blueprint of Jing-Jin-Ji coordinated development, putting forward guidelines for the formation of powerful force for the coordinated development of this region.

As the experimental field of the system reform, the window of opening to the outside world and the engine of economic development, the state-level development zones have made outstanding contributions to the development of the national economy over the past 30 years. At present, the National Development Zones (including 219 state-level Economic and Technological Development Zones, 145 national high-tech zones) produce 25% of China's GDP. These zones have been the main force, the main battlefield and the power source of the scientific and technological innovation, the industrial transformation, the updating of enterprise quality and efficiency, the foreign exchanges and opening up, and even the overall development of the national economy.

In the historical trend of promoting the coordinated development of Beijing, the Jing-Jin-Ji region, the state-level development zones have consciously undertaken their historical mission. In July 16, 2015, 13 state-level Economic and Technological Development Zones in the Jing-Jin-Ji region, working together with China Development Zone Association and the Jing-Jin-Ji Development Zone Association,established The Innovation and Development League of the Jing-Jin-Ji Development Zone. On April 1, 2016, the document of On *Improving the Assessment System of National Economic and Technological Development Zone*

Guidance to Promote the Development of Innovation was issued by the State Council (issued [2016] 14 document). It clearly pointed out that "the national economic development zones are encouraged to build cross regional cooperation parks and cooperation alliances in accordance with national, regional and industrial development strategies, that the Jing-Jin-Ji Development and Innovation League will play an active part in promoting the normalization of industrial cooperation, project docking and enterprise services, to enhance regional cooperation level."

Since the founding of the People's Republic of China, especially since the reform and opening to the outside world, China's industry, in particular the manufacturing sector, has made a tremendous development. In 2010, China overtook the United States as the world's largest producer of manufactured goods. At present, China's manufacturing sector has accounted for more than 20% of the total amount of the whole world. In the international standard industrial classification, the proportion of China's manufacturing industry in the world ranks first among the 7 major categories, and more than 220 kinds of industrial products, such as steel, cement and automobiles, rank first in the world.

The rapid development of the industry has also highlighted some problems. Compared with the internationally advanced level, Chinese manufacturing industry is large in scale but not competitive. There exists an obvious gap between China and the developed countries in independent innovation, resource utilization, industrial structure, quality, efficiency, the artisan spirit and brand building. Transformation, upgrading and leapfrog development have a long way to go. As the vanguard of industrial development, the development zone should continue to move ahead in the face of opportunities and challenges of the industrial revolution.

There are several keys to the transformation and upgrading of the coordinated development of Jing-Jin-Ji Industrial Development Zone, including the innovation, the research and the implementation of major national strategy, the integration of economy and society, the resources sharing, the exploration and experiments of the development and service mode.

The Jing-Jin-Ji Development Zone Think Tank Series focuses on the industrial development of the Jing-Jin-Ji Development Zone, adhering to the principle of maintaining the foothold area, interacting comprehensively, radiating globally, focusing on the national strategy and reflecting the historical process. The series will analyze the practical problems, study the nature of development models and explore the innovative methods. *The Think Tank Series* covers mutiple factors, mutiple angles and mutiple domains, including the comprehensive development, industrial economy, regional economy, investment promotion, enterprise restructuring, technological innovation, brand quality, human resources, investment and financing investment, policies and regulations.

The major working team involved in the compilation of *The Jing-Jin-Ji Development Zone Think Tank Series* is the Industrial Development Research Center, founded by the Tianjin Development Zone Innovation Development Alliance and Capital University of Economics and Business. We will adhere to the principle of collaborative innovation of politic, industry, teaching and research, to converge forces from all aspects, to strengthen mutual exchanging and learning from each other, to have full and Complete exchange, to explore the new path of the innovation and development, and to foster new types of engines of innovation and development.

The Editorial Board of the Jing-Jin-Ji Development Zones Think Tank Series

March 19, 2017

前 言

Preface

京津冀协同发展是新时代优化国家区域发展战略格局，打造新的经济增长极的重大命题。自2014年初习近平总书记正式提出以来，京津冀协同发展战略引起了社会各界的高度关注。2015年4月30日，中共中央政治局审议通过《京津冀协同发展规划纲要》，标志着“京津冀协同发展”正式上升为国家战略。之后，一系列京津冀协同发展的战略举措陆续推出，京津冀区域在交通、生态、产业、公共服务四大领域的协同发展等均有了重大突破，取得了显著成效。

在京津冀协同发展的四大战略重点中，应该说交通、生态、公共服务的协同由于目标单一、政府主导作用突出，实现相对容易，而产业的协同发展由于其具有多目标、多主体的特征，成为京津冀协同发展的关键与难点。

从国际层面看，世界经济的重心已经向亚太地区转移，特别是2008年全球金融危机爆发以来，欧美经济持续低迷，世界经济尤其是制造业发展重心逐渐转入亚太尤其是东北亚地区。为了改变这种态势，欧美等西方国家近年来出台了一系列重大举措，纷纷实施了“再工业化”战略，重塑制造业竞争新优势，例如美国的“再工业化”，德国的“工业4.0”，法国的“新工业法国计划”等，2018年以来，发生的各种贸易争端更是这种矛盾的突出表现。

从国内层面看，近年来，中国经济开始出现明显的变化。这些变化包括经济增长更趋平稳和经济结构不断优化，中国经济进入“新常态”。在“新常态”下，经济增长将会放缓，通胀压力将会上升，收入分配更为平等，经济结构更为均衡，产业结构升级将会加快。可以说，这种新的增长模式更具可持续性，但也面临着诸多挑战。

经济发展的新动力在哪里？习近平总书记提出了“供给侧结构性改革”的总体思路，其中产业结构转型、产业协同发展成为政策发力的重要抓手。产业协同发展是京津冀协同发展的内在要求，探索京津冀区域产业协同发展的长效机制，规划区域产业协同发展的系统架构，建立区域协调发展的现代产业体系是京津冀产业协同发展的根本要求。准确了解、把握京津冀产业协同发展的推进效果，对于及时、科学、有效地进行战略措施的动态优化与调整十分关键。

在全面推进京津冀协同发展的过程中，京津冀国家级开发区作为产业聚集和经济发展的主战场、改革开放的排头兵，扮演着举足轻重的角色。国家级开发区不仅是地区重要的经济增长点，为区域经济的持续发展做出了突出贡献，而且在中国由“制造大国”向“创造大国”“经济强国”转型过程中也担负着科技引领、产业支撑、经济引擎的重要使命，成为吸引外资、承接国际产业转移和开展对外贸易的重要平台。

京津冀开发区产业协同发展的研究，一方面可以揭示当前京津冀各经济技术开发区主导产业的发展现状和发展优势，为今后产业园区的招商引资提供现实依据；另一方面也可以显示京津冀国家级经济技术开发区之间产业发展状况的差异，为区域产业结构优化升级和产业布局调整提供信息资料，为各开发区建立互惠共赢的合作机制提供重要依据。因此，从全局视角研究京津冀国家级开发区产业协同发展现状，对于准确了解和把控京津冀各国家级开发区的产业发展状况，以及各开发区之间的协同合作具有重要意义，并对开发区打造良好的营商环境、制定合理的产业发展政策有重要的指导价值。

本书以京津冀13家国家级经济技术开发区（简称经开区）为研究对象，对经开区产业协同发展问题开展系统研究，从经开区主导产业分布、产业发展差异、创新发展三个视角对京津冀经开区产业协同发展效果进行了定量分析，为京津冀协同发展战略的动态优化提供理论和数据支撑，为北京“四个中心”建设、为国家及区域经济协同发展提供高质量的智库服务和决策支持。

感谢京津冀开发区创新联盟对本书编写工作的指导、帮助，也特别感谢北京经济技术开发区管委会企业发展服务局蔡腾飞、崔新宏等同志的共同参考与大力支持。

在本书的写作过程中，首都经济贸易大学的张沛祺、冯亮、鲍鑫、何峰、王帅、朱慧艳、柏元元、宋雨晴、许妍青、纪明芳、张冉等博士生、硕士生做了大量工作，主要负责数据分析和可视化展示；首都经济贸易大学出版社的杨玲社长和薛捷老师为本书的出版付出了很大努力；在此一并表示感谢。

特别声明，由于获取手段和获取时间的限制，书中涉及的相关数据仅供参考，一切以各经济技术开发区发布的最新数据为准。

由于时间和能力水平有限，不妥之处在所难免，恳请业界同仁不吝赐教。我们的电子信箱为：maliping93@126.com.

作者

2018年8月

Preface

The coordinated development of the Beijing-Tianjin-Hebei area is a key issue of the national strategy of optimizing regional development layout, and creating new economic growth pole in the new era. Since officially proposed by General Secretary Xi Jinping in 2014, the coordinated regional development of Beijing-Tianjin-Hebei is receiving increasing attention from all sectors of society. *The Outline for the Coordinated Development of the Beijing-Tianjin-Hebei Area* was approved by the Political Bureau of the Communist Party of China on April 30,2015,which manifests the integrated development of Beijing-Tianjin-Hebei has become officially the national strategy. A series of strategic initiatives were brought out afterwards. Breakthroughs and remarkable results have been made in the coordinated development of traffic management,environmental protection,industrial upgrades and public service.

Among the four strategic focus areas of the Beijing-Tianjin-Hebei coordinated development, the coordination of traffic management,environment protection and public service are comparatively easy to achievey, as their targets are unitary and the government is playing a leading role. The coordinated development of industrial upgrades is the key and even the difficult issue of the Beijing-Tianjin-Hebei coordinated development,because it has multiple targets and stakeholders.

From the international aspect,the world economic hub is shifting to Asia-Pacific region,especially when the economic downturn of Europe and America has transferred the world economy represented by manufacturing industry to Asia Pacific area，north-east Asia more specifically，since the Asia financial crisis in 2008. In order to reverse this trend，the western countries has taken a series of great actions to rebuild the competitive advantage of their manufacturing industry,like the re-industrialization strategy，represented by the "re-industrialization" of the US，the "Industry 4.0" of Germany and the "New Industrial France" of France.

From the domestic aspect，China's economy has shown major changes in recent years. The changes include the steadier economic growth and the continuous optimization of the economic structure. Chinese economy has entered the "new normal" period. In the "new normal" period，the economic growth will slow down to a right speed，the inflation pressure will rise，the income distribution will become more equal，the economic structure will be more balanced，and the industrial structure upgrades will accelerate. The new growth model will be more Sustainable，while be faced with challenges as well.

Regarding the new driver of the economic development，General Secretary Xi Jinping has raised the thoughts of the "supply-side structural reform". The industrial structure transition and industrial synergy become the keys of the policy implementation. The industrial synergy is an integral part of the Beijing-Tianjin-Hebei coordinated development，and it is the fundamental demand of the industrial synergy to explore a long-term mechanism and plan a system structure of the regional industrial synergy，and to build a regional coordinated modern industrial system. To know accurately the implementation progress and results of the Beijing-Tianjin-Hebei industrial synergy is the key to optimize and adjust the strategic measures dynamically in a timely，scientific and effective way.

In the comprehensive promotion of the Beijing-Tianjin-Hebei coordinated development，as the main battlefield of the industrial cluster and economic development，and bellwether of economic reform and opening-up，the national-level development areas of Beijing，Tianjin and Hebei are playing a prominent role.

National-level development areas are not only the main regional economic growth points,making important contribution to the continuous development of the regional economy,but also undertake the mission of leading technology innovation, industrial support and economic engine,and become important platforms to attract overseas investment,take over international industrial transfer and develop foreign trade,when China transfers from manufacturing power to innovation power and economic power,

The research on the industrial synergetic development of Beijing-Tianjin-Hebei development zones, on the one hand, can demonstrate the development status and advantage of each economic development zone of Beijing, Tianjin and Hebei, and provide the realistic basis for the attraction of investment; on the other hand,can present the difference of the industrial development status between all national-level economic development areas in Beijing,Tianjin and Hebei,to provide information and materials for the regional industrial structure optimization and industrial distribution, and important evidence to build a mutually beneficial cooperative mechanism for all development areas. Therefore, the study, from a global view on the industrial synergy of the Beijing,Tianjin and Hebei national-level development areas is of great significance for the accurate understanding and control of the overall industrial development status and the synergic relationship of all national-level development areas in Beijing,Tianjin and Hebei,and has important indication on building a favorable business environment for the development area and establishing the appropriate industrial development policies.

This book takes the 13 national-level economic and technological development zones (ETDZ) for research,and makes a systematic study on the industrial synergetic development of the ETDZ. It makes a quantitative analysis on the Beijing-Tianjin-Hebei ETDZ industrial synergetic development effect from the aspects of leading industry distribution,industrial development difference and innovative development. It provides theoretical and data support for the dynamic optimization of the Beijing-Tianjin-Hebei coordinated development strategy,and provide high quality think tank service and decision support for the Beijing “four centers” construction and the national and regional economic coordinated development.

I would like to express my gratitude to Innovation Alliance of Jing-Jin-Hebe:Development Zones for their kind advices and helps;and also my deep appreciation for Cai Tengfei and Cui Xinhong's contribution and support and their employer—Enterprise Service Bureau of Beijing Econmic-Technological Development Area.

The composition of this book has gained support from many people. Zhang Peiqi, Feng Liang, Bao Xin, He Feng, Wang Shuai, Zhu Huiyan, Bai Yuanyuan, Song Yuqing, Xu Yanqing, Ji Mingfang, Zhang Ran and other doctoral and postgraduate students from Capital University of Economics and Business have Contributed lots of work mainly in data analysis and visual presentation; Yang Ling,the president of Capital University of Economics Business Press and Xue Jie have made great efforts for the publishing of this book. I would like to extend my gratitude to them all.

I should state that, due to the limitation of the means and time of data acquisition, and subject to the latest data released by all economic and technological development zones, the relevant data in this book is for reference only。

The valuable comments and suggestions from research colleagues are more than welcomed. Our email address is maliping93@126.com.

Authors

August, 2018

Contents 目录

Contents

1 京津冀产业协同发展背景与需求

- 京津冀协同发展战略与产业协同发展现状
- 新时代京津冀国家级开发区的机遇与责任

在经济全球化的背景下，以具有国际竞争力的大都市为核心的经济圈和城市群正逐渐成为区域间经济竞争的主要载体。京津冀地区具有政治、经济、科技、文化等传统优势，在国家的社会经济发展中具有举足轻重的地位，实现京津冀区域协同发展对于北京“四个中心”建设、打造新的经济增长极具有重要意义。

京津冀地区人力资本积累雄厚，信息基础设施优越，科技创新能力突出，发展知识经济和循环经济具有得天独厚的条件，党中央、国务院针对产业协同发展多次做出指示，习近平总书记也曾多次强调京津冀协同发展战略是我国的“重大国家战略”，在2014年2月26日召开的京津冀协同发展工作座谈会上，习近平总书记强调实现京津冀协调发展是一个重大国家战略。2015年4月30日，中共中央政治局审议通过了《京津冀协同发展规划纲要》，为京津冀协同发展奠定了良好的政治基础和政策环境。

在全面推进京津冀协同发展的过程中，京津冀国家级开发区作为产业聚集和经济发展的主战场、改革开放的排头兵，扮演着重要角色。国家级开发区不仅是地区重要的经济增长点，为区域经济的持续发展做出了重要贡献，而且在中国由“制造大国”向“创造大国”“经济强国”转型过程中也担负着科技引领、产业支撑、经济引擎的重要使命，成为吸引外资、承接国际产业转移和开展对外贸易的重要平台。

值得关注的是，2017年4月1日，中共中央、国务院决定设立河北雄安新区。雄安新区是继深圳经济特区和上海浦东新区之后又一具有全国战略意义的新区，是中央为打造北京“非首都功能”疏解集中承载地、深入推进京津冀协同发展做出的一项重大决策部署，是千年大计、国家大事。雄安新区作为中央直接指导建设的新区，在加快补齐京津冀区域发展短板，提升区域经济社会发展质量和水平，充分发挥联系三地政府，促进京津冀协同发展的作用，实现京津冀区域整体发展和提升方面具有重要战略意义和深远的历史意义。

在京津冀协同发展的四大战略重点中，应该说交通、生态、公共服务的协同因为目标单一、政府主导作用突出，相对容易实现，而产业的协同发展由于具有多目标、多主体的特征，成为京津冀协同发展的关键与难点。

从国际层面看，世界经济的重心已经向亚太地区转移，特别是2008年全球金融危机爆发以来，欧美经济持续低迷，世界经济尤其是制造业发展重心逐渐转入亚太尤其是东北亚地区。为了改变这种态势，欧美等西方国家近年来出台了一系列重大举措，纷纷实施了“再工业化”战略，重塑制造业竞争新优势，例如，美国的“再工业化”，德国的“工业4.0”，法国的“新工业法国计划”等。2018年以来，国际上发生的各种贸易争端更是这种矛盾的突出表现。

从国内层面看，近年来，中国经济开始出现明显变化。这些变化包括经济增长更趋平稳和经济结构不断优化，中国经济进入“新常态”时期。在“新常态”时期，经济增长速度将会放缓，通胀压力将会增大，收入分配更为平等，经济结构更为均衡，产业结构升级将会加快，更加注重经济增长质量。可以说，这种新的增长模式更具可持续性，但也面临着诸多挑战。

经济发展的新动力在哪里？习近平总书记提出了“供给侧结构性改革”的总体思路，其中产业结构转型、产业协同发展成为政策发力的重要抓手。产业协同发展是京津冀协同发展的内在要求，探索京津冀区域产业协同发展的长效机制、规划区域产业协同发展的系统架构、建立区域协调的现代产业体系是京津冀产业协同发展的根本要求。准确了解、把握京津冀产业协同发展的推进效果对于及时、科学、有效地进行战略措施的动态优化与调整十分关键。

1.1 京津冀协同发展战略与产业协同发展现状

1.1.1 京津冀协同发展历程

改革开放以来，由于受到发展方向、地理位置、资源禀赋等优势因素的影响，我国逐渐形成了几个大的区域经济圈：包括以广州、深圳为核心的华南经济圈，以上海为核心的苏浙沪经济圈，以成都、重庆为核心的川渝经济圈以及以京津冀为核心的华北经济圈等。经过数十年的发展，前三者均已显示出了区域产业集群发展的巨大经济效应和强劲的可持续发展态势。反观京津冀区域，由于整体产业发展不均衡，导致其与其他区域经济圈存在较大差距。此外，京津冀区域产业内部技术水平差距过大、同构化严重等问题也严重阻碍了当前京津冀经济的协同发展进程，进而影响到京津冀区域的整体发展。

区域内产业间能否协同发展、产业结构是否合理互补，关系到区域整体是否能够稳定、持续发展。京津冀区域要成为全国经济增长的新引擎，首先是其自身应具备强大的经济实力，而产业结构的合理布局和协同发展则在其中发挥着至关重要的作用。

在20世纪80年代，“京津冀区域一体化”方案的构建就已提上日程，然而多年来，由于行政区划分割严重、各方利益难以协调而进展缓慢。2014年初，习近平总书记强调实现京津冀协同发展是一个“重大国家战略”，首次将京津冀协同发展问题上升到国家战略层面，京津冀协同发展由原先的理论构想转变为三地的实际行动。2015年以来，随着中央“稳增长”口号的提出，京津冀区域担负起打造新的经济增长极，带动华北地区经济发展，为国民经济注入新动力，进而完成中央重要战略部署的重要使命已经迫在眉睫。2015年4月30日，中共中央政治局审议通过了《京津冀协同发展规划纲要》，标志着京津冀协同发展进入全面实施阶段。2016年初出台的《国民经济和社会发展十三五规划纲要》，进一步明确提出将京津冀协调发展列为我国“十三五”时期区域协调发展的重点推动内容。2017年9月29日，《北京城市总体规划（2016—2035年）》正式发布，其中提到深入推进京津冀协同发展，建设以首都为核心的世界级城市群的发展目标①。2017年10月18日，在中国共产党第十九次全国代表大会上，习近平总书记指出，要以疏解北京“非首都功能”为“牛鼻子”，推动京津冀协同发展，高起点规划、高标准建设雄安新区②，为京津冀地区深入实施协同发展战略指明了前进方向，具有划时代的意义。2018年3月5日，在十三届全国人大一次会议上，国务院总理李克强在政府工作报告中再次强调推进京津冀协同发展。

从2014年初至今，在党和国家的高度重视下，京津冀协同发展战略已实施四年。这一着眼发展、顺应时代的重大国家战略正在由构想一步一步变为现实，取得了举世瞩目的成就。

京津冀协同发展在公共服务、交通、生态、产业四大领域取得重大进展。从北京看，2016年，北京城市副中心基础设施、生态环境等五大领域的350项重点工程已有106项开工建设，环境、水文、绿化美化都在紧张地进行；北京“非首都功能”疏解和重点领域建设也取得了可喜的成果：2017年

---

① 北京市人民政府网，http：//zhengwu.beijing.gov.cn/gh/dt/t1494703.htm.

② 习近平.决胜全面建成小康社会　夺取新时代中国特色社会主义伟大胜利［M］.北京：人民出版社，2017.

累计关停退出一般制造业和污染企业335家，疏解各类商品交易市场117家，京唐城际铁路北京段开工，京台高速公路北京段建成通车。从天津看，2016年，京秦高速公路天津段建成通车；推动三地重污染天气预警标准统一，加大了联合应急、联动执法、协同治污的力度；实现了一批产业合作项目签约落地，吸引京、冀企业来津投资到位分别为1 700亿元、294亿元。从河北看，河北着力打造了曹妃甸协同发展示范区等重点平台，积极承接北京“非首都功能”疏解项目。首都地区环线高速河北段实现了全线贯通，京津冀大气污染防治、水资源保护信息实现了共享，引进京津资金达到了3 825亿元[①]。

京津冀初步建立了协同发展新机制。2014年以来，京津冀三地积极探索深度合作，初步形成了政府、企业、社会多重互动合作的新机制。2015年，中共北京市委、河北省委做出重大决定，两地互派百名干部交流任职；中关村“一园多地”建立不同层次的创新体系，通过抓好创新平台建设，形成新的产业链、资金链；天津积极开展自由贸易试验区的探索与实践，在投资与服务贸易便利化领域开放有新突破，“负面清单”中涉及的行政管理、通关物流、检验检疫等关键环节有新举措。京津冀三地不同机构、不同部门纷纷签署不同形式的合作协议，逐步形成京津冀协同发展的新机制、新动力[②]。

1.1.2 京津冀产业协同发展新格局

京津冀协同发展，产业协同发展是关键。自2014年京津冀协同发展战略提出以来，京津冀产业协同发展在众多领域取得了突破。进入2018年以来，京津冀产业协同发展路径更加清晰，呈现出产业协同发展进度加快，产业合作领域逐步拓宽，行业组织作用初步显现的新格局[③]。

产业协同发展进度加快。2015年4月，中共中央政治局审议通过《京津冀协同发展规划纲要》，旨在将京津冀地区打造为继长三角、珠三角之后的中国经济增长第三极，同时有序疏解北京“非首都功能”。2017年10月，党的

---

① 京津冀协同发展战略富有时代气息［OL］.http：//www.tj.gov.cn/xw/ztzl/jjj/jjjxw/201702/t20170220_3585522.html.

② 京津冀协同发展战略富有时代气息［OL］.http：//www.tj.gov.cn/xw/ztzl/jjj/jjjxw/201702/t20170220_3585522.html.

③ 邬晓霞，卫梦婉，高见. 京津冀产业协同发展模式研究［J］. 生态经济，2016，32（2）：84-87.

十九大再次对京津冀区域协同发展战略给予了高度关注。2018年，北京推动276项政府重点工程，其中京津冀协同发展项目共88项；河北省推出重点项目共440项，其中京津冀协同发展项目共161项。京津冀三地产业协同发展进入快速推进阶段，京津冀三地政府之间、企业之间、行业协会之间的合作协议和具体项目数量逐渐增多，高层间互动愈加频繁。

产业合作领域逐步拓宽。在京津冀一体化提出的初期，三地合作多限于低端产业。随着各项政策的落实，尤其是《中国制造2025》的出台，三地政府产业合作领域多集中在“高科技、高层次、高产出”的高端高新技术产业、先进制造业、现代商贸物流业、高端服务业等领域。2017年12月20日，北京、天津、河北三省市共同发布《加强京津冀产业转移承接重点平台建设的意见》，初步明确了“2+4+46”平台建设格局，也就是北京城市副中心和河北雄安新区两个北京“非首都功能”集中承载地，四大战略合作功能区及46个专业化、特色化承接平台，进一步引导京津冀三地产业有序转移与精准承接。其中，雄安新区将重点发展高端高新产业，北京和天津则全方位支持雄安新区建设。同时为充分发挥北京科技创新中心的辐射带动作用，应加快京津、京冀之间在高新技术行业领域的合作进度。

行业组织作用显现。推进京津冀协同发展既要有政府部门的政策支持与引导，也需要行业组织和行业协会的有效补充。随着京津冀产业协同发展进程的加快，三地间组建了部分行业组织和行业协会，助推三地行业、产业的合作交流与协同发展。例如，京津冀文化产业协同发展中心，致力于整合京津冀文化产业资源，促进三地文化产业领域高水平、深层次、全方位开展合作;京津冀三地电商协会，积极推进京津冀地区电子商务与产业深度融合、培育新业态、创造新需求、拓展新市场等方面的协同合作;京津冀蔬菜产业联盟，共同致力于支持三地蔬菜产业发展;京津冀开发区创新发展联盟，旨在促进京津冀三地开发区的产业协同创新发展，等等。

1.1.3 京津冀协同发展面临的问题

京津冀协同发展态势虽然强劲，但随着协同发展的不断深入，社会发展水平、资源、生态、交通、产业发展等方面，逐渐涌现出一系列新的矛盾和困难。

1.1.3.1 京津冀“极化”现象明显

在京津冀区域中，河北省经济实力较北京市和天津市存在明显差距，这种差距导致了资源与人才呈现单向流动态势，进一步加剧了区域发展的不平衡[①]。且区域内京津两大中心城市与国际性大都市相比仍存在很大的差距，难以发挥辐射带动和整合整个地区经济的作用，难以成为区域内资源要素配置的枢纽，不仅不能辐射和带动周边地区的经济发展，反而会大量吸附周边区域内的资源、资金、人才，影响周边地区的经济发展[②]。

1.1.3.2 京津冀区域协同创新体系仍未完全建立

近年来，京津冀区域的创新协作能力虽不断增强，但北京科技成果呈现“导弹式”外溢，对河北等周边地区的创新辐射与带动作用并不突出，首都科技创新资源尚未真正转化为促进京津冀区域发展的核心驱动力。2016年，北京输出到津冀的技术合同成交额为154.7亿元，仅占北京输出到外省市技术合同成交额的7.75%，区域协同创新能仍存在很大的提升空间。

1.1.3.3 资源短缺问题突出，环境问题严峻

当前，北京、天津面都面临较为严重的水资源和土地资源短缺的问题，而河北省的资源环境约束效应也在逐渐凸显，资源支撑能力减弱，生态环境容量不足。除此之外，北京能源需求对外依赖性大，诸如电力、煤、天然气等能源消费都高度依赖外地。另外，在环保高压之下，京津冀地区仍有部分工业企业环境问题较为突出[③]。根据环保部对全国空气质量的监测，京津冀是全国空气污染最严重的地区，2016年全国空气质量最差的10个城市中有6个位于这一地区[④]。

1.1.3.4 区域交通枢纽城市过于集中，缺少区域统筹规划

依据《北京公共服务发展报告（2016—2017）》，京津冀区域内虽然形成了运输方式比较齐全且辐射全国的公路、铁路运输网络和航空港，

---

① 孙久文，张红梅. 京津冀一体化中的产业协同发展研究［J］. 河北工业大学学报（社会科学版），2014，6（3）：1–7.

② 刘东生，马海龙.京津冀区域产业协同发展路径研究［J］.未来与发展，2012（3507）：48–51.

③ 中华人民共和国生态环境部.环境保护部通报京津冀及周边地区大气污染防治强化督查情况［OL］.http：//www.mep.gov.cn/gkml/sthjbgw/qt/201801/t20180107_429232.htm，2018–01–05.

④ 中华人民共和国生态环境部.环境保护部例行新闻发布会实录［OL］.http：//www.mep.gov.cn/gkml/sthjbgw/qt/201701/t20170120_395084.htm.

但基本上是以北京为中心，相比之下，同样作为区域核心城市的天津，其交通枢纽作用并未得到有效发挥。作为京津冀区域的两大核心城市，北京、天津的交通量分布极不均衡。在各省中亦都是以大城市为中心呈放射型格局，导致其他城市之间缺少有效的互通互联，城际间的通达性不够。

1.1.3.5　完整的区域产业链尚未形成

长期以来，京津冀三地各自为政，缺乏合作理念和合力，缺少从区域整体利益出发考虑统筹兼顾，造成了三地之间产业趋同、产业关联度较低、产业配套能力差等问题。产业趋同的现象在北京与天津、河北省内各城市间都明显存在。严重的产业趋同，不仅造成资源浪费、同业间内耗，且各城市间产业特色难以体现，甚至可能出现恶性竞争现象。同时京津冀区域产业结构的趋同又使得经济圈内的各城市之间无法形成充分合理的产业链条，无法实现资源的有效配置。虽然近年来京津冀在产业分工协作方面取得了明显的进步，产业同构化程度有所下降，产业转移与承接更加活跃，但是，京津冀区域产业分工水平仍与自身区域一体化的要求有一定距离。

1.1.3.6　产业转移顶层设计不足

目前，京津冀三地制定的《京津冀产业转移指南》主要集中在税收、价格、企业搬迁等方面，对产业转移如何分工、如何承接，尤其是如何充分考虑津、冀环境和生态效益及承载力，进行有规划、有质量、差异化的承接，还缺少相关细化的顶层设计。其中就税收政策与制度而言，优化区域产业布局上仍缺乏有效的税收政策进行支撑。目前，京津冀税收协作仍处于探索和实践阶段，三地税务机关在税收便利化、征管协同、信息交换等方面尚未建立长效工作机制。

1.1.4　京津冀产业协同发展的重要意义

产业协同发展是保证一个国家或地区经济稳步健康发展的重要前提，京津冀协同发展已成为重大的国家战略。大力推进京津冀三地的产业协同发展，是推进京津冀一体化、贯彻京津冀协同发展战略的主要内容和重要支撑。产业协同发展是京津冀三地产业发展的重要目标，也是三地未来产业升级和经济增长的重要任务，对优化产业布局和空间结构，转变经济发展方式，实现经济的持续健康发展，打造具有较强竞争力的世界级城市群具有重要意义①。同时产业协同发展也是推动京津冀协同发展，探索有效改革路径、构建区域协调发展体制机制的需要，而实现京津冀协同发展有助于优化生产力布局，有助于提升经济发展的质量，有助于实现“两个一百年”奋斗目标和中华民族伟大复兴的中国梦。

1.2 新时代京津冀国家级开发区的机遇与责任

京津冀地区共有13家国家级经济技术开发区，作为京津冀产业协同发展的重要载体，13家国家级开发区产业的协同发展起着举足轻重的作用。

首先，国家级开发区是经济增长的重要引擎，是带动地区经济发展的火车头。国家级开发区产业的协同发展能够打破行政区划的束缚，实现产业在空间上的优化布局，带动京津冀区域整体的产业发展和升级，进而充分发挥其带动城市经济发展的职能，辐射和带动整个京津冀区域甚至全国的经济发展。

其次，国家级开发区目前处于转型升级和创新发展的新的历史时期。国家级开发区产业的协同发展，可以为不断优化产业结构、促进产业转型升级提供方向。通过系统总结和梳理京津冀开发区产业协同发展的经验，形成可推广、可复制的行业技术成果，不仅为推动全国创新经济发展，帮助同类型地区制定区域产业协同发展规划提供示范作用，而且对支撑“一带一路”倡议和促进其他国家分享中国开发区经验、实现共同繁荣，具有重要的战略价值。因此，开发区产业协同发展在全面展现京津冀国家级开发区的产业发展现状，为谋划经济技术开发区走创新驱动发展之路提供重要的信息资源方面具有重要意义。

当前，国家级开发区面临的国际国内形势和肩负的历史使命都发生了深刻变化，迫切需要通过完善考核、分类指导、综合施策，促进创新驱动发展，为稳增长、调结构、惠民生继续发挥生力军作用。

---

① 王荔.京津冀产业协同发展的问题及对策分析［J］.华北水利水电大学学报（社会科学版），2017，33（4）：64-67.

1.2.1 党的十九大谱写区域产业发展新篇章

2017年10月18日，在中国共产党第十九次全国代表大会上，习近平总书记指出要继续贯彻实施区域协调发展战略。习近平总书记强调，“要以疏解北京非首都功能为‘牛鼻子’，推动京津冀协同发展，高起点规划、高标准建设雄安新区”①，为深入实施京津冀协同发展战略指明了前进方向，提供了根本遵循。同时，结合党的十九大提出的社会主义现代化建设的总体要求，京津冀协同发展战略的时间表和路线图也需要京津冀国家级开发区站在新的历史坐标点上进行贯彻和实施。

面对社会矛盾的深刻变化，京津冀国家级开发区必须深入贯彻党的十九大和习近平总书记系列讲话精神，进一步完善创新京津冀协同发展的思路举措和机制体制。三省市根据各自不同的定位，形成功能互补、错位发展、相辅相成的产业体系，增强整体性，促进区域经济的一体化发展。而其中核心问题是在北京市定位为“政治中心、文化中心、国际交往中心、科技创新中心”的基础上有序疏解北京的“非首都功能”。从疏解对象讲，重点是疏解一般性产业，特别是高能耗产业，区域性物流基地、区域性专业市场等部分第三产业，部分教育、医疗、培训机构等社会公共服务功能，部分行政性、事业性服务机构和企业总部等四类非首都功能。而河北、天津，特别是河北正好借此机会承接上述产业转移，在承接产业的基础上进行产业的转型升级，实现自身发展。对于国家级开发区而言，更要牵好“牛鼻子”抓承接，做好疏解北京“非首都功能”这篇大文章。同时，按照新变化的要求，各开发区需要完善协同举措、创新协同机制，实现一张图规划、一盘棋建设、一体化发展。

1.2.2 “中国制造2025”引领产业发展新方向

2008年国际金融危机发生后，发达国家纷纷实施“再工业化”战略，重塑制造业竞争新优势，加速推进新一轮全球贸易投资新格局。一些发展中国家也在加快谋划和布局，积极参与全球产业再分工，承接产业及资本转移，拓展国际市场空间。而中国制造一直以来依赖于低成本在国际竞争中胜出，

① 习近平.决胜全面建成小康社会 夺取新时代中国特色社会主义伟大胜利［M］.北京：人民出版社，2017.

但由于原材料、能源和土地等价格上涨，劳动力成本和环保成本增加，中国正在逐步丧失这一竞争优势。中国制造业正面临发达国家和其他发展中国家“双向挤压”的严峻挑战，这对国家级开发区未来的产业发展提出了更高的要求。为此各开发区要固本培元，化挑战为机遇，抢占制造业新一轮竞争制高点，培育新的经济增长极。通过利用新一代信息技术与制造业深度融合，促进制造业转型升级、创新发展，实现由“中国制造”向“中国创造”的转变，由“中国速度”向“中国质量”的转变，由“中国产品”向“中国品牌”的转变，尽快完成中国制造业由大变强的战略任务。

1.2.2.1 提高制造业创新能力

提高国家级开发区制造业创新能力，以创新促发展。国家级开发区是高端制造业密集的区域，是实施创新驱动发展战略的重要依托，也是“中国制造”走向“中国创造”的前沿阵地。国家级开发区的创新能力建设，直接关系到全国的整体创新能力的提升，也关系到未来国民经济发展质量的提升。《中国制造2025》[①]立足新科技革命，提出未来十大重点发展的产业：新一代信息技术、高档数控机床和机器人、航空航天装备、海洋工程装备及高技术船舶、先进轨道交通装备、节能与新能源汽车、电力装备、农机装备、新材料、生物医药及高性能医疗器械。京津冀13个国家级开发区应立足自身已有的产业体系优势，完善以企业为主体、市场为导向、政产学研用相结合的制造业创新体系。围绕开发区产业链部署创新链，围绕创新链配置资源链，加大关键核心技术攻关力度，加速科技成果产业化，有效提高关键环节和重点领域的创新能力。

1.2.2.2 推动制造业结构调整

深入推动国家级开发区制造业结构调整，加快淘汰落后产能。京津冀

① 《中国制造2025》是我国实施制造强国战略第一个十年的行动纲领。2015年3月5日，李克强总理在全国两会上做《政府工作报告》时首次提出“中国制造2025”的宏大计划。2015年3月25日，李克强总理组织召开国务院常务会议，审议通过了《中国制造2025》。2015年5月8日，国务院正式印发《中国制造2025》。《中国制造2025》提出，坚持“创新驱动、质量为先、绿色发展、结构优化、人才为本”的基本方针，坚持“市场主导、政府引导，立足当前、着眼长远，整体推进、重点突破，自主发展、开放合作”的基本原则，通过“三步走”实现制造强国的战略目标：第一步，到2025年迈入制造强国行列；第二步，到2035年中国制造业整体达到世界制造强国阵营中等水平；第三步，到新中国成立一百年时，综合实力进入世界制造强国前列。围绕实现制造强国的战略目标，《中国制造2025》明确了9项战略任务和重点，提出了8个方面的战略支撑和保障。http：//www.mof.gov.cn/zhengwuxinxi/zhengcefabu/201505/t20150519_1233751.htm.

国家级开发区应首先明确战略性重大项目和高端装备实施技术改造的政策方向，通过贴息、专项基金支持等资金引导方式，建立支持企业技术升级改造的长效机制。推动技术改造相关立法工作，强化激励约束机制，完善促进企业技术改造的政策体系。同时，各开发区应加强和完善宏观调控措施，按照“消化一批、转移一批、整合一批、淘汰一批”的原则，分业分类施策，稳步有效化解产能过剩矛盾。各开发区还应加强对产能严重过剩行业的动态监测分析，建立完善预警机制，引导企业主动退出过剩行业。切实发挥市场机制作用，综合运用法律、经济、技术及必要的行政手段，加快淘汰落后产能。

1.2.2.3 发展服务型制造业和生产性服务业

积极发展服务型制造业和生产性服务业。国家级开发区的功能不能拘泥于制造业聚集区，而应该聚焦打造未来经济发展的增长极，大力发展第三产业，积极推进经开区绿色发展，完善生活服务设施，加快“产城融合”是开发区发展的必由之路。加快制造业与服务业的协同发展，推动商业模式创新和业态创新，促进生产型制造向服务型制造转变。鼓励制造业企业增加服务环节投入，发展个性化定制服务、全生命周期管理、网络精准营销和在线支持服务等。支持符合条件的制造业企业建立企业财务公司、金融租赁公司等金融机构，推广大型制造设备、生产线等融资租赁服务。大力发展与制造业紧密相关的生产性服务业。加快发展研发设计、技术转移、创业孵化、知识产权、科技咨询等科技服务业，发展壮大第三方物流、节能环保、检验检测认证、电子商务、服务外包、融资租赁、人力资源服务、售后服务、品牌建设等生产性服务业，提高对制造业转型升级的支撑能力，推动服务功能区和服务平台建设。

1.2.2.4 全面推行绿色制造

京津冀国家级开发区应立足自身产业体系优势，加大先进节能环保技术、工艺和装备的研发力度，加快制造业绿色改造升级；积极推行低碳化、循环化和集约化，提高制造业资源利用效率；强化产品全生命周期绿色管理，构建高效、清洁、低碳、循环的绿色制造体系。开发区应制定相关激励制度，支持企业强化技术创新和管理，增强绿色精益制造能力，降低能耗、物耗和水耗水平。持续提高绿色、低碳能源的使用效率，开展开发区和企业分布式绿色智能微电网建设，控制和削减化石能源消费量，全面推行循环生产方式，促进企业、开发区、行业间链接共生、原料互供、资源共享。推进资源再生利用产业规范化、规模化发展，强化技术装备支撑，提高大宗工业固体废弃物、废旧金属、废弃电器电子产品等综合利用水平。大力发展再制造产业，实施高端再制造、智能再制造、在役再制造，推进产品认定，促进再制造产业持续健康发展。

1.2.3 “北京行动纲要”催生产业发展新动力

为深入贯彻《中国制造2025》，全面落实《京津冀协同发展规划纲要》，持续推动北京制造业转型升级，加快构建高精尖经济结构，努力建设全国科技创新中心，北京市人民政府于2015年12月9日发布《〈中国制造2025〉北京行动纲要》[①]。行动纲要指出，要系统梳理制造业发展现状，尽快淘汰污染较大、能耗较高的生产企业和制造环节。利用腾退的空间集聚高端创新要素和资源，建设产业协同创新平台，吸引和配置高精尖产业项目。着力推动第二、第三产业融合，大力发展生产性服务业，构建以创新为引领和支撑的高精尖产业体系。同时，聚焦新一代信息技术、新材料技术、智能制造、生命科学等创新前沿领域，率先布局，加快突破，取得一批拥有自主知识产权的原始创新成果，组织实施八个专项，带动实现重点领域突破。包括：新能源智能汽车专项、集成电路专项、智能制造系统和服务专项（重点发展传感器、智能仪控系统等核心装置和智能机器人、高档数控机床、三维打印设备等高端智能装备）、自主可控信息系统专项（网络和安全设备、安全云服务）、云计算与大数据专项、新一代移动互联网专项（自主移动互联网平台、关键元器件、新兴移动终端）、新一代健康诊疗与服务专项、通用航空与卫星应用专项。京津冀经开区要优化未来招商引资重点，优化产业布局，搭建合理的产业对接平台，完善共建共享机制，构建统一有序的产业结构体系，形成错位发展、优势互补的产业发展格局。

---

① 为深入贯彻《中国制造2025》，全面落实《京津冀协同发展规划纲要》，北京市人民政府2015年12月9日发布了《〈中国制造2025〉北京行动纲要》，为北京在“中国制造2025”中的行动定下基调。构建高精尖经济结构，实现“在北京制造”到“由北京创造”的转型，将成为推动北京制造业发展的新动力。http：//zhengce.beijing.gov.cn/library/192/34/211/898456/78924/index.html.

1.2.4 充分发挥开发区在产业协同发展中的作用

一般认为，开发区是我国为实行改革开放政策而设立的现代化产业园区，旨在解决我国发展中长期存在的项目审批流程烦琐、机构职能重叠等制约经济社会发展的体制问题。

1984年，中国在14个沿海开放城市建立了第一批国家级开发区。随着改革开放的推进和深化，根据不同时期经济建设和社会发展战略的需要，开发区建设也从沿海地区向沿江、沿边和内陆省会城市、区域中心城市拓展。在此过程中，国家级开发区作为沿海开放战略、西部大开发战略、东北振兴战略、中部崛起战略等几大国家级战略的重要支撑点，为我国构建全方位、多层次的对外开放格局做出了突出贡献。随着内地国家级开发区的加快建设，开发区区域布局更加合理，基本覆盖了中国主要的经济区域。同时，开发区的内涵不断拓展，经济水平快速提高，产业结构显著优化，已经成为中国经济发展最快、总体水平最高、利用外资最多、投资环境最优的现代化产业重要集聚区①。

目前，国家级开发区已成为先进制造业、战略性新兴产业和现代服务业的重要集聚区。作为改革开放的试验田、新型工业化的先行者、高水平营商环境的示范区，京津冀国家级开发区在区域经济发展中发挥着核心和引领作用，是京津冀地区产业创新要素最为集中、最为活跃的区域。正如上海的浦东新区对长三角、东南沿海及沿江的经济增长都有不同程度的带动作用，京津冀13家国家级开发区的建设发展对于京津冀资源的优化整合、产业布局调整，环渤海地区和北方腹地的辐射带动，以至加速全国经济转型发展和全方位对外开放、推动全国创新经济发展都具有重要的意义。

对京津冀开发区产业协同发展的研究，一方面可以揭示当前京津冀各开发区主导产业的发展现状和发展优势，为今后的招商引资提供现实依据；另一方面也可以显示京津冀国家级开发区间的产业发展状况差异，为区域产业结构优化升级和产业布局优化调整提供信息资料，为各开发区建立互惠共赢的合作机制提供重要依据。因此，从全局视角研究京津冀国家

---

① 国家级经济技术开发区的发展历程［OL］.http：//www.hebjgbz.gov.cn/hebbianban/llyj/llqy/1353039742014003.html.

级开发区产业协同发展现状，对于准确了解和把控京津冀各国家级开发区总体的产业发展情况，以及各开发区之间的协同合作具有重要意义，并对开发区打造良好的营商环境、制定合理的产业发展政策有重要的指导价值。

2 京津冀产业协同发展中的现实问题

- 京津冀产业协同发展的机制问题
- 京津冀产业协同发展的创新问题
- 京津冀产业结构协同优化问题
- 京津冀科技成果协同转化问题

在第1章中，我们从宏观层面阐述了京津冀产业协同发展的背景、必要性和紧迫性。本章将从产业发展的实践角度，分析在实现京津冀产业协同发展过程中面临的现实问题，从协同发展的机制与平台问题，产业协同中的创新问题，产业结构协同优化问题，科技成果协同转化问题等角度展开讨论。

2.1 京津冀产业协同发展的机制问题

本书所讨论的产业协同发展的过程，是在京津冀协同发展、北京“四个中心”建设的总体背景下，以北京“非首都功能”疏解为抓手，以市场机制为主体、以政策导向为辅助，由不同产业行业中的大量企业，在不同时间节点、不同地区和不同产业间实施的以降低成本，提高效率为目的的大量相互配合的行为所组成。产业协同发展是实现供给侧结构性改革目标的重要手段。

在产业协同发展过程中存在三个问题，进而导致产业协同发展的进程不会自然进行，使“市场”这只“看不见的手”难以发挥作用。

第一，企业发展目标与国家总体发展目标的不一致问题。企业发展的根本目标是利润的最大化。在实现这一目标的过程中，企业的各项决策都会以自身利益最大化为前提。而国家总体发展目标则是服务于国家发展全局的整体性目标，在实现这一目标的过程中必然会出现暂时牺牲部分个体利益的情况。

第二，地方发展目标与国家发展目标的不一致问题。地方发展目标着眼于某一个局部地区，以地方利益最大化为目的。国家发展目标着眼于国家经济发展的全局，具有局部服从整体，层次推进的特点。因而，在实现国家发展目标的过程中，必然会出现暂时牺牲部分地方利益的情况。

第三，短期发展目标与长期发展目标的不一致问题。短期发展目标着眼于一年或几年时间段内所能达到的发展水平。长期发展目标则着眼于几十年甚至上百年时间段内所能达到的发展水平。因此在实现长期发展目标的过程中，必然会出现降低某一个时期短期发展目标的情况。

由于这三个问题的存在，产业协同发展无法自发开始，这就需要有一个强有力的机制或政策导向来促进产业协同发展的启动，并保证产业协同发展进程的持续推进，而这一机制的运行则需要一个高效的产业协同发展平台来保障。

2.1.1 产业协同发展的保障机制

产业协同发展保障机制的作用是保证在产业协同发展进程中，各企业（地方）的协同行为能够服务于总体目标的大局，同时兼顾企业（地方）自身的利益。与上述三个问题相对应，有三个保障机制。

第一，企业发展行为协调机制。该机制保证企业在追求自身利益最大化的同时，其行为有利于发展大局。通过政策引导、资源对接等方式规范企业的行为，使其按照总体布局指引的方向发展。

第二，地区间协调机制。该机制保证地区间能够突破地区利益的藩篱，以规划制定、项目对接、政策解读等方式，为地区制定符合发展大局的发展模式，使地区发展与总体发展有机的融合在一起。

第三，中长期目标保障机制。短期目标的制定通常是以局部利益为目标的，因此很难保证与中长期目标一致。该机制保证在制定短期发展目标时，其内容与实现路径要符合中长期发展目标的要求。

2.1.2 产业协同发展的服务平台

为了有效化解产业协同发展中的三个问题，保障协同发展机制的有效发挥，促进区域经济平稳快速发展，必须建立一个高效的产业协同发展服务平台，该平台应该具备如下职能：

第一，产业协同职能。该职能要求平台具有跨产业的协调能力，平台须与企业具有紧密的联系，对企业能够施加足够的影响，能够切实解决企业发展中出现的问题。

第二，地区协同职能。该职能要求平台具有跨地区的协调能力，平台须与各个地区具有紧密的联系，对地区政府机构能够施加足够的影响，同时能够沟通地区政府之间的联系。

第三，研究规划职能。该职能要求平台有能力为产业协同发展所涉及的政府和企业提供研究规划服务，制定既符合发展全局、又满足自身发展需要的规划。

上述三个职能决定了产业协同发展服务平台具有如下特点：

第一，以京津冀各级开发区管理机构为基础。截至2015年10月，京津冀建立的各级各类开发区近300个，开发区内聚集了大量企业，为三地贡献的工业总产值、税收收入、出口额分别占整个地区的53%，60%，65%[①]，可以说，开发区是三地产业发展的主要承载地。产业协同发展平台只有以管理机构为基础和支柱，才能保证对企业拥有足够的影响力和引导力，从而保证产业协同职能效果的有效发挥。

第二，采取地区间联盟形式。通过联盟形式，为各地国家级开发区管理机构建立一个稳定的交流平台，使管理机构间可以随时联系、互通有无、合作共赢。

第三，与高校或科研院所紧密合作。产业发展协同平台以开发区管理机构间联盟的形式存在，虽然本身具有极强的实践能力，但研究能力不强。产业协同发展平台可以通过与高校或科研机构紧密合作，共建研究机构的形式引入高校或科研院所的智力资源，服务于产业协同发展的政策、规划制定及其他研究需求。例如，2015年7月16日由京津冀国家级开发区共同发起成立的京津冀开发区创新发展联盟在产业协同、地区协同和研究规划方面发挥了积极有效的示范作用。

2.2 京津冀产业协同发展的创新问题

党的十八届五中全会通过的《中共中央关于制定国民经济和社会发展第十三个五年规划的建议》提出了“创新、协调、绿色、开放、共享”的五大发展理念，其中“创新”是居于首位的理念。因此，在京津冀产业协同发展过程中，“创新”是核心推动力。这里所说的创新，既包括科学技术层面的创新，也包括发展理念与模式的创新。

科学技术层面的创新是京津冀产业协同发展的基本要求。改革开放以来，经过40年的发展，我国的发展模式从粗放型逐渐向集约型转变，党的十九大报告明确指出，创新是引领发展的第一动力，因此不断进行技术和管理创新是企业生存发展和产业转型升级的根本动力。

发展理念、模式的创新是京津冀产业协同发展实现路径的基本特征。产

---

① 国务院新闻办公室网站，http：//www.scio.gov.cn/dfbd/dfbd/Document/1442321/1442321.htm.

业协同发展，是我国当前总体发展目标对产业发展提出的新要求，其核心就在于“协同”二字。协同意味着产业发展从原来的单一目标转变成为复合目标，从原来的一个产业、一个地区的短期进程转变为跨产业、跨地区的中长期进程。因此，产业协同发展的实现路径，必然是以发展理念、模式的创新为主要特征的。

制度创新是京津冀产业协同发展的重要保障。产业协同发展，涉及众多利益主体，没有创新性的制度安排，仅仅依靠运动型的发展模式，无法保证协同发展成果的稳定，无法形成长效机制。围绕着产业协同发展的目标和特点，需要在考核制度、人事制度、户籍制度、财务制度等方面突破现有制度安排所造成的障碍，实现制度创新，鼓励人才、资本、技术跨区域跨产业流动，建立京津冀产业协同发展的长效机制。

2.3 京津冀产业结构协同优化问题

京津冀产业协同发展的主要问题是在京津冀区域内如何实现产业结构的协同优化。从当前产业发展状况看，京津冀三地间的产业结构存在着显著差异。其中，北京已进入后工业化时代，第一、第二产业比重逐渐下降，第三产业比重逐年增加，属于典型的“三、二、一”型产业结构，三大产业间的比例结构逐渐接近发达国家的产业结构水平；天津正在迈向后工业化时代，第二产业比重持续增加，在国民经济中占主导地位，第三产业比重总体有所上升，属于“二、三、一”的产业结构；河北省处于工业化中期，第一产业的产出和就业基本稳定，所占比重仍然较大，第三产业呈上升趋势，第二产业呈下降趋势，但总体水平仍超过第三产业。

产业结构差异性的存在，决定了京津冀三地产业发展存在较强的互补性。随着北京“政治中心、文化中心、国际交往中心、科技创新中心”定位的确立，北京“非首都功能”疏解工作正在逐步展开，这就要求具有后工业化产业特征的北京市进一步将传统产业向天津市和河北省进行疏解。

需要强调的是，疏解并不是简单地将落后产业淘汰出北京，而是通过转移与北京“四个中心”定位不符的部分产业，通过产业升级和产业功能的重新定位，实现京津冀区域的产业结构协同优化，从而使北京市“科技创新中心”的功能得到天津市和河北省产业结构的强有力支持。

2.4 京津冀科技成果协同转化问题

北京“科技创新中心”的功能定位，不但要求北京拥有强大的科技创新、科技研发能力，还要求北京拥有强有力的科技成果转化能力。而科技成果的转化要求有强大的产业发展水平的支持，北京“四个中心”的功能定位中没有“经济中心”的定位，就意味着未来北京不会大规模发展第二产业，并通过“非首都功能”疏解方式将过剩产能向天津市和河北省转移，这就意味着科技成果的转化应当以天津市和河北省为主要目标，即实现京津冀科技成果协同转化。

就目前的状况看，京津冀区域合作目标的实现仍然要受到行政区划分割的惯性制约，三省市在制定政策时还是主要考虑自身利益，这在一定程度上影响了成果转化的实施。产学研合作是推进科技成果转化的有效途径，京津冀三地拥有众多高水平高校和科研院所，拥有巨大的科技创新资源，具有极强的产学研合作基础。但是，当前京津冀三地产学研合作的管理体制仍然存在条块分割现象，没有统一的主管部门或协调机构，三地的运行机制各不相同。同时科研管理和项目评价还没有完全摒弃“重理论、轻实践、重学术、轻应用”的传统做法，这在一定程度上造成高校和科研院所在承接科研项目时缺乏对市场前景的关注，导致科研成果与市场需求存在严重的脱节。要实现京津冀科技成果协同转化，需要建立跨地区的产学研合作主管部门或协调运行机构，促进科研机构与北京，尤其是天津、河北两地生产部门的实际需求进行对接。

3 产业协同发展概念界定与研究现状

- 产业协同发展的概念界定
- 产业协同发展的文献评述
- 京津冀产业协同发展的研究视角

产业协同发展是京津冀协同发展的内在要求，也是学术界、业界和政府部门关注的焦点问题。然而从现有研究成果看，对于产业协同发展的概念并没有清晰明确的内涵界定，这势必会对研究工作和政策实施造成一系列困难。本章将尝试对产业协同发展这一概念进行合理的内涵界定，并对其研究现状和研究视角进行系统梳理、分析。

3.1 产业协同发展的概念界定

协同，是指一个复杂系统内各子系统通过协同行为的相互作用，产生整个系统的联合作用超越各要素单独作用总和的现象。协同理论从产生、发展到不断完善，经历了从微观到宏观的发展历程。协同首先在社会科学领域得到发展，其重要的基础理论就是社会生态系统理论，可以用来调和生态系统中经济要素、经济主体和经济客体的关系。

从产业协同发展的内涵看，产业协同发展中的"协同"指的是产业内的企业在本产业内外、本地区内外相互配合，以降低成本，提升效率为目的的一系列行为的总和，具有区域和产业链两个不同的维度，且两个维度还会存在较为普遍的交叉情况。例如，同一产业不同环节间的协同，同一产业在不同地区间的协同、不同产业间的协同、不同产业在不同地区间的协同，等等。

从产业协同发展的本质看，产业协同发展中的"发展"指的是以国家总体经济发展规划为目标和导向，所实施的产业间协同行为的总和，即产业协同的目标需要与上述规划和政策目标相一致。

本书认为，产业协同发展的概念可以定义为：从属于不同地区、不同产业的活动单位，以国家或地区总体经济发展规划为目标或导向，在市场主导、政府引导下，在一定的产业发展环境中的一系列相互协作、相互配合行为的总和。

产业协同发展的主体是产业，核心是协调，目的是发展，动力是创新，引导力量是政府，市场机制是关键。

"产业"是产业协同发展的主体。一个产业包含众多产业活动单位，每个产业活动单位既是产业的有机组成部分，又是独立的个体；产业活动单位行为的总和构成了产业行为，由于产业活动单位行为的多样性，也就造成了产业行为的复杂性。

“协同”是产业协同发展的核心，通过跨产业、跨区域的协同，使有限的资源得到更合理的配置，从而实现更高效的利用。例如，人才得以自由流动从而充分发挥作用，科技成果获得足够产业支撑从而可以顺利转化，等等。协同既是产业行为的协同，又是产业各企业行为的协同；既是产业间的协同，又是地区间的协同；既有外部的协同，又有内部的协同。

“发展”是产业协同发展的目的，所有的协同行为，都必须以国家和地区经济发展规划为导向，并为其服务。从京津冀产业协同发展角度看，需要在“中国制造2025”和北京“四个中心”建设的总体背景下，结合北京城市副中心建设和雄安新区建设，以提升区域经济发展作为京津冀产业协同发展的目标和导向。

“创新”是产业协同发展的动力。创新在“五大发展理念”中居于首位。产业协同发展中的创新，既包括科学技术层面的创新，还包括发展理念、体制机制、发展模式的创新。可以说，没有创新，就不可能实现产业协同发展的目标。

产业协同发展应以市场机制为主导、政策措施为引导，统筹协调区域产业发展规模和方向。从资本的角度看，企业发展的目的是获得更多利润，因此其行为目标多少会具有一些自利、短视的特点，这与国家或地区经济发展的总体规划存在一定差异。在经济发展的各个主体中只有政府能够以国家和地区经济发展规划为施政目标，因而相关政府部门在产业协同发展进程中，应加强产业政策的引导作用，以法规、政策等手段引导企业行为，保证产业协同发展的方向正确。

3.2 产业协同发展的文献评述

3.2.1 产业协同发展的研究现状

产业协同理论的渊源可以追溯至1974年由哈肯（Haken H）创立的与产业协同联系最直接、最紧密的协同理论。该理论主要包括三个部分的内容：协同效应、伺服原理和自组织原理。哈肯认为，协同是一门交叉学科，它研究系统中的子系统之间的合作如何产生宏观的时间结构、空间结构或功能结构（即如何有一个自组织），同时它研究由大量完全不同性质的子系统所带来的各种系统的协同作用水平①。从国内外现有文献看，将协同理论应用于经济管理领域的研究相对较少。国外的产业协同研究，主要是将协同理论的部分原理应用于企业间竞争的初步探讨，研究企业的战略协同。例如，波特（Porter）首次将协同的概念引入经济学的分析中，对产业组织与公司战略的发展过程进行了回顾，指出，产业在自身发展过程中存在着融合效应和协同效应②。安东内利（Antonelli）以欧洲经济发展为样本，对新信息技术和知识密集型产业进行了分析，指出高新技术产业和知识密集型产业与社会经济中的其他产业存在协同效应，知识经济能带动技术创新，从而引导产业协同发展③。斯蒂格里茨（Stieglitz）运用产业生命周期理论和信息经济学构建了产业融合类型和产业动态演变的理论分析框架，为产业结构变化和产业协同分析提供了参考④，等等。

国内学者从经济学角度对产业协同给出了不同的解释。例如，徐力行和高伟凯指出，产业协同是指在开放条件下，作为国民经济运行的子系统，各产业或产业群相互协调合作形成宏观有序结构的过程。协同是系统自组织的动态概念，国民经济中各产业之间时刻处于动态平衡和失衡的交替当中，有必要以动态的分析方法，探究产业结构在运动中的平衡条件。徐力行等认为，协同指两种及两种以上力量的相互作用，实现联合力量大于各单独作用之和的效果。产业协同是指在开放条件下产业子系统自发相互约束耦合，表现出在时间、空间或功能上有序结合的过程。产业之间通过产品或服务的投入产出关系来维持上下游间的纵向关联，产业创新协同是产业竞争力提升的关键⑤。赖茂生和闫慧认为，产业协同是指相关产业的协同发展，是多个产业

① Haken H，Schwarzer E. Theory of the influence of the coherent or incoherent motion of triplet excitons on NMR［J］. Chemical Physics Letters，1974，27（1）：41-46.

② Porter M E. Industrial organization and the evolution of concepts for strategic planning：the new learning［J］. Managerial & Decision Economics，1983，4（3）：172-180.

③ Antonelli C. Localized technological change，new information technology and the knowledge-based economy：The European evidence［J］. Journal of Evolutionary Economics，1998，8（2）：177-198.

④ Nils Stieglitz. Industrial dynamics of the new and old Economy—who is embracing whom?［Z］. Copenhagen/Elsinore，2002（June）：6-8.

⑤ 徐力行，高伟凯. 产业创新与产业协同——基于部门间产品嵌入式创新流的系统分析［J］. 中国软科学，2007（6）：131-134.

及其下属子产业在发展过程中相互配合、互相协调，在越来越复杂的网络分工中解决好产业协调发展的问题，在创造价值过程中和市场上最大程度地发挥二者的合力，最终达到两个产业的优势互补[①]。张淑莲等认为，产业协同是指某地区的区域产业作为一个开放系统，在科技、经济、社会和环境等因素的综合作用和影响下，各产业相互分工协作，从而形成有序的产业结构，产业集群形成完整的产业链，区域内的产业实现“1+1>2”的整体效应[②]。王兴明指出，产业协同是指在开放条件下，各产业内部或产业与产业之间或产业群内部和集群之间相互协调合作，依托相互之间内部复杂的协同关系进行产业间的互相促进，从而实现产业共生演化的过程。他从动态和管理集成的角度，将产业协同划分为四个层面的协同，分别是产业内跨企业间协同、该产业和其他产业之间的协同即跨产业间协同、产业主体间协同和产业的地理空间区域协同[③]。

吴晓波研究了高技术产业与传统产业协同发展机理及其影响因素，认为在高技术产业与传统产业互动式发展过程中，高技术对传统产业所起的作用主要获益于其较强的渗透性，以及其产业的高效益性和关联带动作用，而传统产业改造对高技术及其产业化具有逆向支撑和引导作用中[④]。陈婷等认为，所谓协同发展，是系统内部，以及各子系统之间的相互适应、协作、配合以及促进，耦合而成的同步、协作与和谐发展的良性循环过程[⑤]。它强调各系统间以及系统内部各子系统间的相互协作并有机地整合成有序演变的状态，始终保持差异与协同的辩证统一。协调发展是经济社会可持续发展的重要标志，大量研究成果表明，我国的产业发展在不同的地区、不同的行业，以及具体的产业内部都没有表现出很好的协同效果。毛汉英认为，协同发展是指围绕同一发展目标，基于合作共赢理念、优势互补原则、产业分工要求和资

---

① 赖茂生，闫慧，叶元龄，等. 内容产业与文化产业整合与协同理论和实践研究［J］. 情报科学，2009，27（1）：12-16.

② 张淑莲，胡丹，高素英，等. 京津冀高新技术产业协同创新研究［J］. 河北工业大学学报，2011，40（6）：107-112.

③ 兴明. 产业发展的协同体系分析——基于集成的观点［J］. 经济体制改革，2013（5）：102-105.

④ 吴晓波，曹体杰.高技术产业与传统产业协同发展机理及其影响因素分析［J］.科技进步与对策，2005（3）：7-9.

⑤ 陈婷，郑宝华. 产业协同研究综述［J］. 商业经济，2017（3）：49-53.

源环境承载力，协调两个或两个以上行政区（省、市）组成的区域，形成目标同向，交通基础设施、产业发展与布局、要素市场、城乡、基本公共服务与民生保障、生态环境保护一体化的区域发展新格局①。协同发展的核心是提倡和谐与包容发展，最终目标是实现互利共赢、共同发展。

3.2.2 京津冀开发区产业协同发展的研究现状

京津冀三省市现有包括13个国家级开发区在内的各级各类开发区300余个，占地面积约为京津冀地区总面积的 2.5%，工业总产值、税收、出口额等分别占到整个地区的53%，60%，65%②。京津冀开发区已经成为三地先进制造业、战略性新兴产业和现代服务业的重要集聚区。

根据文献搜集，有关京津冀开发区总体发展状况的研究在国内已经有了部分成果。研究主要围绕“十三五”规划的发展理念，从“创新、协调、绿色、开放、共享”等方面进行了诸多讨论，并取得了很好的研究效果，其中关于创新、协调的研究相对较多，关于绿色和开放的研究近几年也逐渐引起学者的关注。

创新处于发展全局的核心位置，对于开发区的发展是重中之重。京津冀地区聚集国家高新区和国家级经济技术开发区，是我国重要的科技创新源头。部分研究通过比较不同开发区的创新效率探究了开发区的创新程度。例如，周龙从技术创新投入与技术创新产出两个方面，建立了科学的京津冀高技术产业技术创新效率评价体系，运用非参数法中的数据包络分析法（DEA），对京津冀开发区2005年至2013年高技术产业总体技术创新效率进行测算分析，并做动态与静态对比，认为天津高技术产业整体技术创新效率最高，河北高技术产业的创新效率最低③。毛汉英探讨了机制创新与区域政策在京津冀协同发展中的保障作用，强调京津冀协同发展必须正确处理好公平与效率的关系、人与自然的关系④。

协调发展是京津冀开发区必须要面对的问题之一，在学术研究中，同样

① 毛汉英.京津冀协同发展的机制创新与区域政策研究［J］.地理科学进展，2017，36（1）：2–14.

② 郭芳，董树功.关于“十三五”时期推进京津冀开发区协同发展的研究［J］.商场现代化，2017（12）：139–140.

③ 周龙.京津冀高技术产业技术创新效率评价与协同创新机制研究［D］.天津理工大学，2016.

④ 毛汉英.京津冀协同发展的机制创新与区域政策研究［J］.地理科学进展，2017，36（1）：2–14.

是学者眼中值得重点关注的问题。例如，王建峰根据区域产业转移的方式与空间知识经济经典模型分析，构建了区域产业转移综合协同效应模型，并基于该模型发现京津冀三省市产业结构有较大不同，呈现出北京—天津—河北由高到低的梯度次序，并且河北与京津之间的产业关联性自2000年以来逐年提升，说明河北是京津的经济腹地，京津带动河北的发展，是实现科学发展的有效途径①。

坚持节约资源和保护环境是我国的基本国策，坚持绿色发展是京津冀开发区必须要坚守的原则。全国国家级开发区绿色发展联盟在天津泰达成立，部分开发区逐步发展成为京津冀绿色生态发展的示范区，如天津子牙、河北曹妃甸成为全国循环经济产业发展示范区。部分学者从某一特定产业出发，讨论绿色发展的具体实现方式，例如，江果从市场需求角度阐述京津冀节能环保产业链构建应遵循的原则，并在分析京津冀污染物排放的基础上，对京津冀节能环保重点行业进行分析，指出京津利用其在人才、技术等方面的优势，开展研发工作，处于优势地位；河北利用其资源和工业基础进行生产，产品销往京津冀各地，处于产业链的低端②。冷苏娅等以京津冀地区为研究对象，根据环境风险评估与分区原则，从风险源危害性、控制机制有效性和受体易损性出发，构建了综合环境风险评估指标体系；分别应用状态最优化法和层次分析法确定了指标体系中的指标权重，并以各自的权重值分别计算出相应的风险值；两个结果相互验证，互为补充；最后采用灰色关联度法对上述评价的风险值进行分析，探讨影响评价区风险大小的主导因素③。

党的十八届五中全会提出，完善对外开放战略布局，培育有全球影响力的先进制造基地和经济区。刘邦凡等基于SWOT理论从优势、劣势、机遇和威胁对河北省利用外资进行分析，认为河北省具有优越的地理位置与自然资源，为外商投资提供条件，但是产业结构不合理，投资环境有待提高④。

---

① 王建峰.区域产业转移的综合协同效应研究［D］.北京交通大学，2013.

② 江果.京津冀节能环保产业链构建研究［D］.河北经贸大学，2015.

③ 冷苏娅，蒋世杰，潘杰，等.京津冀协同发展背景下的区域综合环境风险评估研究［J］.北京师范大学学报（自然科学版），2017，53（1）：60-69.

④ 刘邦凡，王燕，赵兴华，等.基于京津冀协同发展的河北省利用外资创新分析［J］.中国集体经济，2016（31）：18-19.

京津冀经济开发区种类较多，很多学者在对京津冀经开区进行分析时，主要是针对其中某一个经济技术开发区进行分析，例如，季宏和张小晶从制造业发展入手，以天津泰达为例进行了优势与劣势的分析，结论表明，天津开发区能取得地区经济的奇迹式发展得益于开发区的管理模式："小政府、大社会"。在劣势分析中，认为开发区仍存在改革和发展的挑战，我国制造业升级也面临巨大的改革压力[①]。

在京津冀协同发展背景下关于产业转型升级研究出现较晚，例如，祝尔娟探讨了京津冀一体化中的产业升级演化机理、现状特征、升级路径、政策建议等问题[②③]。从目前可查阅的文献看，产业协同发展效果测度问题研究成果很少，戴宏伟和刘敏建立了区域竞争力的评价指标体系，并进行了实证研究，认为随着产业一体化的发展，京津冀区域产业结构优化水平逐渐提升，但与我国长三角、珠三角经济区相比，在产业结构水平上仍存在着差距，京津冀三省市的产业结构在我国主要城市的产业结构水平排名中的位置没有发生显著变化[④]。

王晓文等对京津冀地区与长三角地区进行对比研究发现，二者产业结构相似，京津冀的第一产业与第三产业比重高于长三角地区，但第二产业比重低于长三角地区。北京市的第三产业比重最高，河北省的第一产业比重最高，天津市第一、第二、第三产业的比重都处于居中位置[⑤]。孙久文等对京津冀三地产业发展现状的研究发现，北京作为区域中心城市和首位城市，已迈向后工业化社会，呈现出后工业经济和"服务主导、科技主导"的高端化趋势；天津处于工业化后期，以第二产业为主导，第三产业增长迅速，产值规模后期有望超过第二产业，总体呈现重工业和高新化特征；河北正处于工业化中期，也以第二产业为主导，但第一产业具有重要地位，第三产业比较滞后，且以传统服务业为主[⑥]。

---

① 季宏，张小晶.制造业产业升级发展模式研究——基于天津经济技术开发区的样本分析［J］.中国物价，2016（6）：76–78.

② 祝尔娟.京津冀一体化中的产业升级与整合［J］.经济地理，2009，29（6）：881–886.

③ 祝尔娟.京津冀产业发展升级研究［M］.北京：中国经济出版社，2011.

④ 戴宏伟，刘敏.京津冀与长三角区域竞争力的比较分析［J］.财贸经济，2010（1）：127–133.

⑤ 王晓文，王卓.京津冀产业协同成熟度研究［J］.北京联合大学学报，2015，29（2）：74–77.

⑥ 孙久文，原倩.京津冀协同发展战略的比较和演进重点［J］.经济社会体制比较，2014（5）：1–11.

李春生、刘雪芹等认为，京津冀三地经济快速发展，三地的产业发展各有侧重，从三次产业的发展水平和结构状况出发，认为北京、天津和河北分别处于工业化的三个不同阶段，地区之间存在明显的梯度差异，从分行业的区位熵看，京津冀地区不同城市具有不同的比较优势和特色；从产业结构的相似程度看，京津冀地区的产业结构趋同化较为严重。京津冀协同发展已经成为重大的国家战略，大力推进京津冀三地之间的产业协同发展有利于推动京津冀一体化发展[①②]。李晓欣从协议性分工理论的视角出发，探索建立了一个测度区域产业一体化发展水平的理论框架和统计测度系统，结果表明，京津冀区域市场一体化逐步加深，加速了区域产业一体化进程；受地区产业空间影响较大的是河北，其次是天津，最后是北京[③]。管军研究了京津冀协同发展下河北省钢铁产业转型升级测度问题[④]。王晓文等对京津冀地区的研究，发现北京地区的三大产业之间发展均衡，其增长驱动因素差别不大，天津地区的三大产业之间发展不均衡，第一产业的增长主要由人力驱动，第二产业和第三产业的增长较多地依赖固定资产投资。这些驱动产业增加的因素多为要素投入，而依靠资本要素投入实现产值增加的路径不会带动经济的长远发展[⑤]。魏丽华等则从综合评价角度对产业协同水平进行分析，但从整体上构建效果测度模型的理论与方法尚未查阅到[⑥]。

3.3 京津冀产业协同发展的研究视角

本书后继章节，将从三个不同视角对京津冀产业协同发展进行深入研究。

第一，京津冀主导产业研究。产业协同发展的主体是产业，目前京津冀

---

① 李春生.京津冀协同发展中的产业结构调整研究［J］.企业经济，2015（8）：141–145.

② 刘雪芹，张贵. 京津冀区域产业协同创新能力评价与战略选择［J］. 河北师范大学学报（哲学社会科学版），2015（1）：142–148.

③ 李晓欣. 京津冀区域产业一体化发展的统计研究［D］.天津财经大学，2015.

④ 管军，等.京津冀一体化河北省钢铁产业转型升级效果评价指标体系构建及应用研究［J］.河北工程大学学报（社会科学版），2015（6）：1–5.

⑤ 王晓文，王卓. 京津冀产业协同成熟度研究［J］. 北京联合大学学报，2015，29（2）：74–77.

⑥ 魏丽华，京津冀产业协同水平测度及分析［J］.中国流通经济，2018（7）：120–128.

三地均在一定程度上形成了自己的产业发展特色。因此要想研究京津冀产业如何协同发展，其前提是对三地主导产业及其发展状况有足够的了解。在这部分研究中，主要的研究对象是京津冀三地的国家级经开区，由于国家级开发区集中了地区的主要产业资源，因此对主导产业的分析研究能够更好地反映三地的产业特征。

第二，京津冀产业发展差异分析。产业协同发展，意味着企业需要在产业间、地区间相互配合，避免产业构成同质化。通过对京津冀三地产业的分工程度和产业结构相似程度进行量化测度，可以客观准确地反映三地间产业的差异水平，从而从一个侧面反映三地间产业的协同水平。

第三，京津冀开发区创新发展评价。创新是产业协同发展的动力，没有理念、机制、制度和科技等层面的创新，就不可能有真正的协同发展。因此通过对京津冀三地的创新活力和发展实力进行综合评价，可以有效反映三地产业协同发展的水平。

在此基础上，本书在第7章将对京津冀产业协同发展有效路径进行研究。产业协同发展知易行难，没有现成有效的发展路径。这部分研究将从协同发展的动力、基础、抓手、基本内容和保障入手，讨论京津冀产业协同发展的有效路径。

4 京津冀国家级经开发区主导产业分析

- 经开区产业发展总体分析
- 经开区主导产业分析
- 经开区主导产业比较分析

京津冀经开区协同发展的研究，首先需要对区域内部的产业发展状况有一个基本的梳理和认识，包括产业发展水平、产业结构以及主导产业的特点与差异等方面的基本情况。为此，本章首先分析京津冀国家级经开区的主导产业及其状况，并进行对比。

4.1 经开区产业发展总体分析

4.1.1 经开区在地区经济发展中的作用逐年增强

国家级经开区作为制造业的主要载体，推动了京津冀地区工业化进程，为区域经济和社会的快速发展做出了巨大贡献。2010年到2015年，京津冀经开区中获得国家级经开区资质的数量由7家增长到13家[①]。各年度国家级经开区共实现地区生产总值由2010年的2 958.24亿元，占当年京津冀区域经济总量的6.76%，上升到2015年的6 713.35亿元，占区域总量的9.68%（见图4.1），京津冀国家级经开区在地区经济发展中的作用逐年增强，已成为该地区打造世界级产业集群的重要载体和中坚力量。

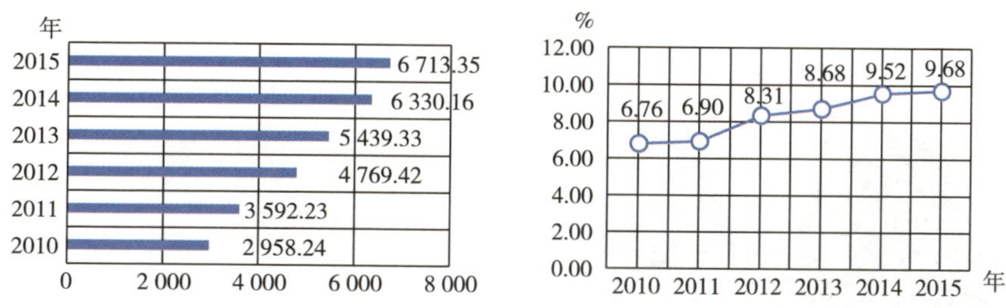

图4.1 2010—2015年京津冀国家级经开区地区生产总值（左图，亿元）及占地区生产总值比重（右图，%）

4.1.2 经开区逐步形成较为先进的现代产业体系

目前，各经开区已逐渐形成了以先进制造业为主体、生产性服务业为支撑、若干新兴产业为先导的现代产业体系。从“十三五”的战略规划到党的十九大的持续关注，经开区紧抓京津冀协同发展战略机遇，着力建设“先进制造研发集聚

① 2010年与2011年的7家国家级经开区分别为北京经开区、天津经开区、西青经开区、武清经开区、秦皇岛经开区、廊坊经开区和沧州临港经开区。2012年国家级经开区新增天津子牙经开区、北辰经开区、石家庄经开区、唐山曹妃甸经开区和邯郸经开区。2013年国家级经开区新增东丽经开区。

区”，积极推动区域产业转型升级，以提升产业国际竞争力为目标，以产业高端化、智能化、融合化、协同化发展为方向，坚持工业主导地位，推进产业发展向提高质量效益、增强辐射功能转变，不断提升先进制造业基地发展水平，逐渐形成了以电子信息、汽车制造、生物医药等为主导的高端制造业发展体系，这一特征从以下列举的京津冀经开区包括计算机、通信和电子设备制造业，汽车制造业，生物医药等在内的15个具有代表性的制造业2015年的产值水平（见图4.2、图4.3）可以看到①。

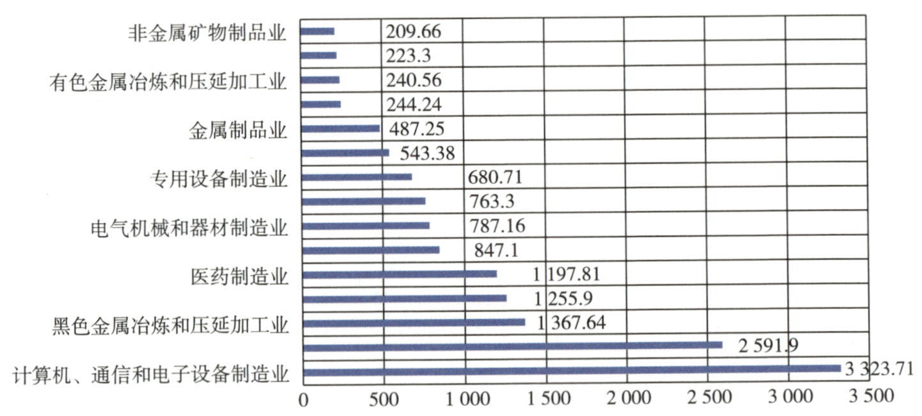

图4.2　2015年京津冀国家级经开区部分产业产值（亿元）

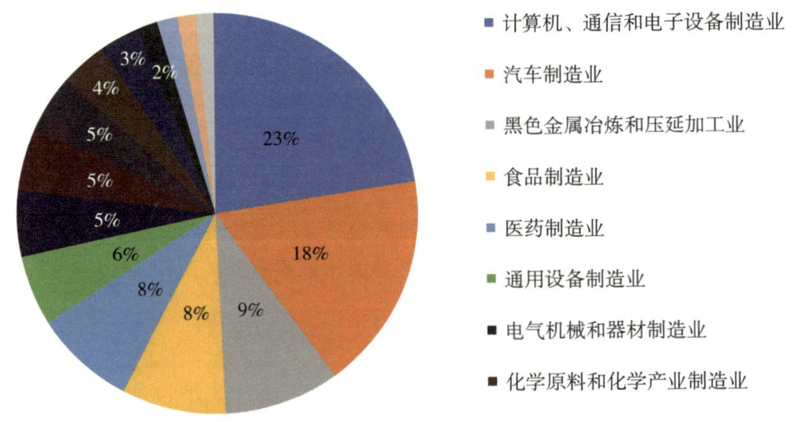

图4.3　2015年京津冀国家级经开区部分产业产值占比

① 本书选取的15个制造业类别为：计算机、通信和电子设备制造业，汽车制造业，黑色金属冶炼和压延加工业，食品制造业，医药制造业，通用设备制造业，电气机械和器材制造业，化学原料和化学产业制造业，专用设备制造业，石油加工，炼焦和核燃料加工业，金属制品业，农副食品加工业，有色金属冶炼和压延加工业，橡胶和塑料制品业以及非金属矿物制品业。

2015年，13家经开区中的电子信息产业以产值3 323.71亿元，占比高达23%位列首位（见图4.3），汽车制造业、黑色金属冶炼和压延加工业、生物医药和通用设备制造业紧随其后，产值分别为2 591.9亿元、1 367.64亿元、1 197.81和847.1亿元。同时，由于地理位置、地区政策等因素的差异，各个经开区逐步形成了自身的优势产业，进一步优化了资源配置，提高了地区整体生产力水平，为实现京津冀协同发展打下了坚实的基础。

4.1.3 三省市经开区发展各具特色

4.1.3.1 北京市

北京经开区产业布局较为集中，优势产业突出。图4.4为2015年北京经开区重点产业产值占比情况。从整体看，北京经开区产业发展较为集中，优势产业明显。其中，作为四大主导产业，电子信息和汽车制造产业占有绝对优势，生物医药和装备制造业也具有一定的地位，而金属冶炼等易造成污染的产业部门则占比较低。随着北京"非首都功能"疏解战略规划的进一步落实，高污染产业也将逐渐淡出北京经开区的发展舞台。

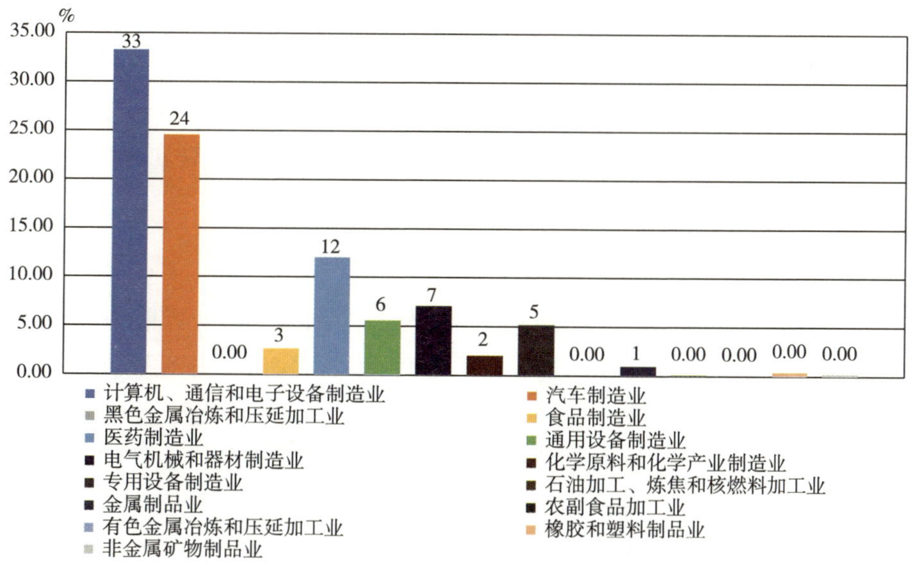

图4.4 2015年北京经开区各产业产值占比（%）

4.1.3.2 天津市

天津市各经开区制造业门类繁多、产业分布广。图4.5为2015年天津市6个国家级经开区重点产业产值的占比情况。从总体看，天津市各经开区制造业门类繁多，产业分布较广。其中，电子信息产业、汽车制造业、食品制造业、黑色金属冶炼和压延加工业以及通用设备制造业位列前五强，可以认定为天津市国家级经开区的优势产业。此外，从图4.5中可以看出，除优势产业外的其他产业发展水平差异较小。

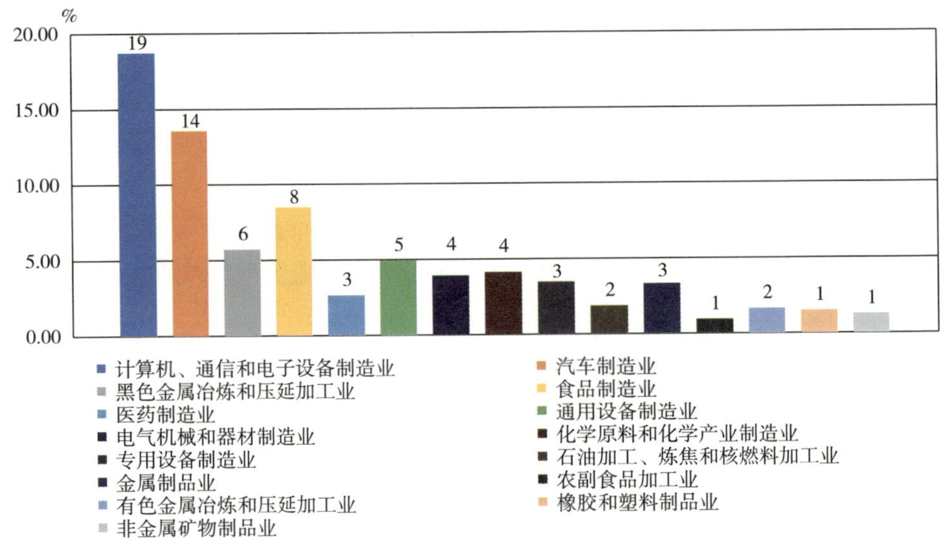

图4.5 2015年天津市国家级经开区各产业产值占比（%）

4.1.3.3 河北省

河北省各经开区产业发展水平差异较大。图4.6为2015年河北省6个国家级经开区各产业产值占比。从总体情况看，河北省国家级经开区重点产业发展水平差异较大。其中，黑色金属冶炼和压延加工业与生物医药产业发展具有显著优势，石油加工、炼焦和核燃料加工业也在河北省的产业结构中占有重要地位。而电子信息、汽车制造以及食品制造产业作为京津冀整体的优势产业并未在河北省展现出绝对优势。

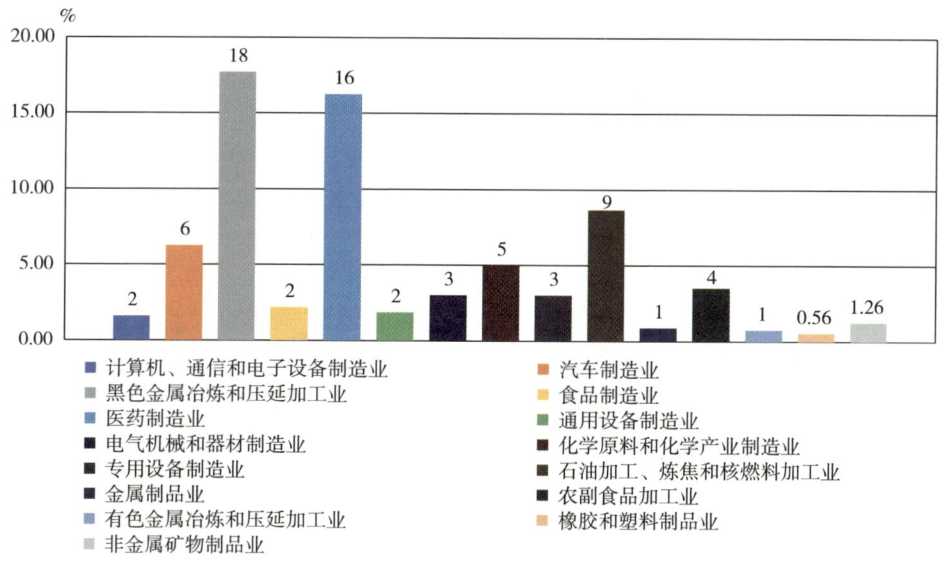

图4.6 2015年河北省国家级经开区各产业产值占比（%）

4.2 经开区主导产业分析

4.2.1 主导产业的识别方法

主导产业作为区域产业结构的核心，也是配置区域产业结构的组织核心，因而它的正确选择至关重要。基于主导产业在区域产业结构中的地位和作用，一般来说，主导产业应当是区域工业产值贡献较大、行业优势明显的产业。被选为主导产业的应该是采用了先进技术、有高增长率、高产业关联度；对其他产业和整个区域经济发展有较强带动作用的产业，有利于发挥区域优势，有利于形成区域产业结构的整体系统，有利于保持区域产业结构的先进性。从量的方面看，主导产业应是在国民生产总值或国民收入中占有较大比重或者将来可能占有较大比重的产业部门；从质的方面看，要能够对经济增长的速度与质量产生决定性影响，其较小的发展变化足以带动其他产业和整个国民经济的变化，从而引起经济高涨的产业部门。

为了明确京津冀地区经开区区际主导产业类别、分布结构及其区际主导产业同构情况，本书将通过产业区域配置系数和区位熵两个指标来识别各经开区主导产业类别并对各经开区主导产业分布结构进行系统分析。

4.2.1.1 产业区域配置系数

产业区域配置系数主要考察某一产业是否具备成为该区域主导产业所应有的足够的产业规模，用区域内某一行业产值与区域内工业总产值的比例进行测算，其公式为：

$$S_{ij}=\frac{a_{ij}}{A_i}\times 100\%$$

其中：i表示第i个地区；j表示第j个产业；a_{ij}表示第i个地区第j个产业的产值；A_i表示第i个地区的工业总产值；S_{ij}表示第i个地区第j个产业的产业区域配置系数。

产业区域配置系数是一个相对数，没有固定的衡量标准，在实际测量时，我们将根据实际经验规定某一数值界限，当某一产业的产业区域配置系数在区域产业内相对高时，说明该产业可能是区域内的主导产业。

4.2.1.2 区位熵（又称专门化率）

区位熵是指某一区域某一部门的产值在地区工业总产值中所占的比重与全国该部门产值在全国工业总产值中所占比重的比值。在京津冀经开区主导产业分析中，可以用其反映地域分工和产业优势。其公式为：

$$LQ_{ij}=\frac{L_{ij}}{\sum_{j=1}^{m}L_{ij}}\Bigg/\frac{\sum_{i=1}^{n}L_{ij}}{\sum_{i=1}^{n}\sum_{j=1}^{m}L_{ij}}$$

其中：i表示第i个地区，j表示第j个产业；L_{ij}表示第i个地区第j个产业的产出；LQ_{ij}表示第i个地区第j个产业的区位熵。

如果区位熵大于1，可认为该产业在该地区具有行业优势，可以判定该产业为该地区的主导产业之一；反之，则认为该产业产品不能满足区域的需求，需要从其他区域输入产品。

4.2.2 北京经开区主导产业分析

4.2.2.1 北京经开区主导产业的识别

2010年到2015年，北京经开区的各项经济指标均保持了平稳增长（见图4.7），其中，2015年经开区地区生产总值首次跨入千亿级大关，达到1 081.4亿元，增长8.9%。同时，2015年工业总产值达到2 555.05亿元，较2010

年提高14.7%。从变化趋势看，北京经开区工业总产值呈现逐年平稳增长趋势，整体经济规模逐年提高。

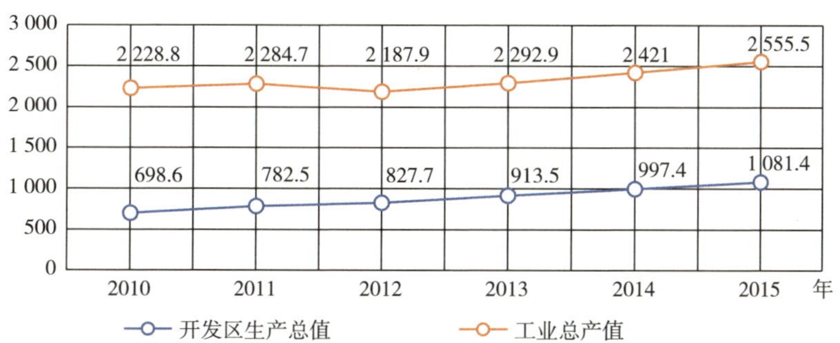

图4.7 2010—2015年北京经开区地区生产总值与工业总产值（亿元）

2010—2015年，经开区公共财政预算收入逐年攀升，其中2015年为134.9亿元，创历史新高。财政对经济社会发展的支持不断加大[①]。2015年经开区社会固定资产投资达397.6亿元，较2010年提高76.6%。2015年的397.6亿元投资中，超过46.6%流入第二产业，剩余部分则用于第三产业开发。

北京经开区高技术产业和第三产业集聚扩张能力进一步提升，不仅表明了经开区产业转型的方向，同时也反映了为经开区提供金融、生产生活与科技信息等领域的服务能力。

北京经开区高新技术产业、现代制造业逐步发展，已成为带动工业增长的主要力量。其中，高新技术产业产值占全区工业产值比重始终保持在90%以上（见图4.8）；现代制造业2015年实现产值2 013亿元，是2010年的1.7倍，占全区工业产值的79.8%，比重比2010年提高26.2个百分点，成为带动经开区工业增长的主要动力。

根据王海涛等学者的观点，某一地区的主导产业应满足配置系数至少不低于1%且区位熵大于1的条件[②]。按照区域配置系数的高低，计算机、通信和电子设备制造业、汽车制造业，医药制造业、电气机械和器材制造业以及通用设备制造业处于前列，其产值占工业总产值的比重为82.27%。按照区位熵

① 北京经济技术开发区年鉴编纂委员会. 北京经济技术开发区统计年鉴（2016）［M］.北京：方志出版社，2016.

② 王海涛，徐刚，恽晓军. 区域经济一体化视阈下京津冀产业结构分析［J］. 东北大学学报（社会科学版），2013（7）：367-374.

的高低，医药制造业，计算机、通信和电子设备制造业，汽车制造业，电气机械和器材制造业以及专用设备制造业位于前五强，产值占比达到81.88%，略低于区域配置系数前五的产业的工业产值占比（见表4.1）。

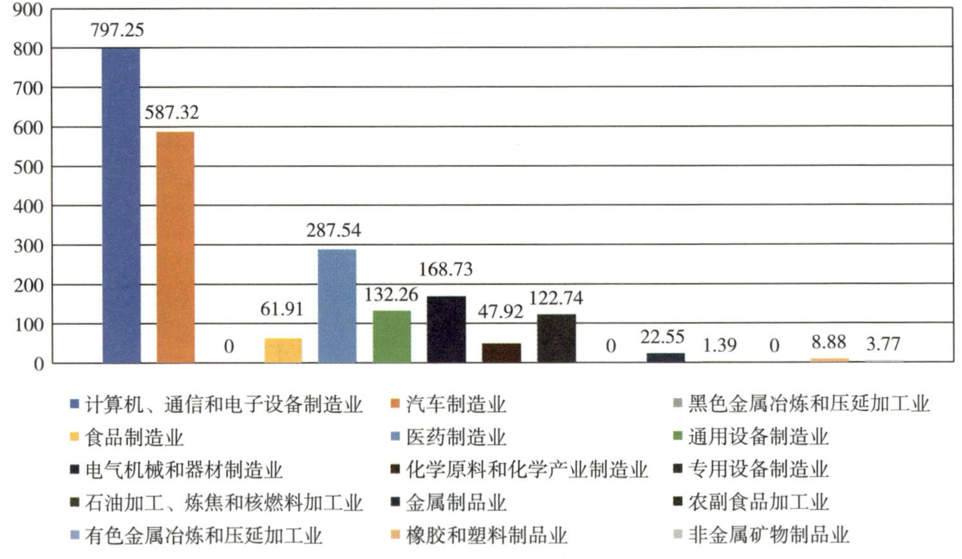

图4.8　2015年北京经开区各产业产值（亿元）

表4.1　2015年北京经开区各产业区域配置系数与区位熵

产业门类	区域配置系数(%)	区位熵
计算机、通信和电子设备制造业	33.24	1.91
汽车制造业	24.49	1.80
医药制造业	11.99	1.91
电气机械和器材制造业	7.04	1.71
通用设备制造业	5.51	0.928
专用设备制造业	5.12	1.43
食品制造业	2.58	0.39
化学原料和化学产业制造业	2.00	0.50
金属制品业	0.94	0.37
橡胶和塑料制品业	0.37	0.32
非金属矿物制品业	0.16	0.14
农副食品加工业	0.06	0.05

总体来看，区域配置系数和区位熵靠前的产业包括计算机、通信和电子设备制造业，医药制造业，通用与专用设备制造业和汽车制造业，无论是从产业增加值贡献度看，还是从产业专业化程度看，上述产业在北京经开区制造业体系中的地位都是举足轻重的。

4.2.2.2　北京经开区四大主导产业发展分析

从2010年到2015年，四大主导产业除电子信息产业外，均保持了较为稳定的增长，产业结构进一步优化，由原来电子信息产业一家独大，发展到“四足鼎立”、高端产业崛起、战略性新兴产业勃兴、优秀企业云集良好态势。其中，增长速度最快的汽车产业产值从2010年的185.2亿元增长到2015年的882.1亿元，增长幅度达376%。相对的，电子信息产业则有些下降，产值由2010年的1 276.6亿元下降为2015年的599.5亿元，降幅达到53.3%（见图4.9）。

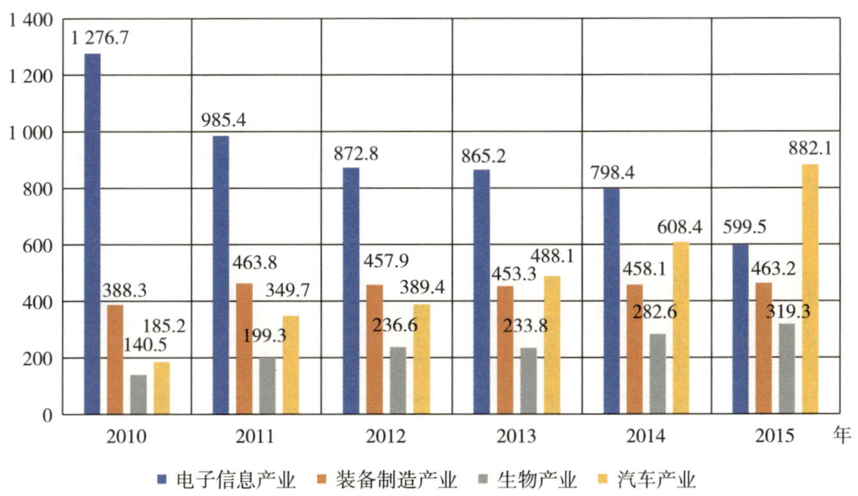

图4.9　2010—2015年北京经开区四大主导产业产值（亿元）

2015年，北京经开区接近80%的项目投资投向了电子信息、生物制造等主导产业。四大产业实现产值2 290.9亿元，同比增长6.67%[①]。

（1）汽车制造业。

北京经开区汽车产业逐步形成 以传统汽车高端品牌与新兴新能源汽车产

① 北京经济技术开发区年鉴编纂委员会. 北京经济技术开发区统计年鉴（2016）［M］.北京：方志出版社，2016.

业并重的产业格局。经开区依托奔驰汽车与北汽集团，形成了以整车制造和新能源汽车为核心，以零部件制造、汽车电子服务贸易以及汽车高级培训学校为配套的汽车产业集群。

近年来，北京经开区汽车制造业企业发展迅速，营利能力不断提升，抵御外界风险能力逐渐增强，但也存在着资产利用效率走低的问题。

第一，2012—2015年，经开区销售净利率从0.02上升至0.05（见图4.10），表明汽车产业每单位营业收入所获得的净利润呈现逐年上涨态势，产业内企业的营利能力不断增加，与汽车产业整体产值逐年上涨的趋势相一致。同时，总资产周转率作为考察汽车产业内的所有资产从投入到产出的流转速度的指标，反映了产业全部资产的质量和利用效率。通过该指标的对比分析可以看出，2012—2015年，经开区汽车产业总资产的利用效率呈现下降态势。尽管在此期间，汽车产业的产值经历了从389.4亿元到882.1亿元的飞跃，但经开区内的各汽车企业仍存在着现有资产利用效率低，闲置资产过多等问题。这也从侧面说明经开区的汽车产业仍有较大发展空间，各汽车制造企业要在加速资产周转，处置闲置资产以节约资金，实现利润绝对额增加等方面下功夫。此外，2012—2015年，汽车产业的杠杆比率也呈现出整体下降的趋势，产业对外界债务的依赖程度逐渐下降。

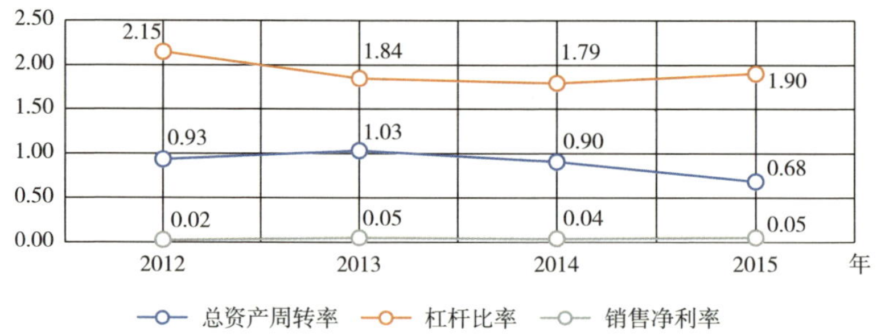

图4.10　2012—2015年北京经开区汽车产业主要经济指标

第二，能源是制造业赖以生存和发展的重要物质基础。能源消耗与产业发展存在密切的相关关系，一方面，能源消耗效率的优化能够加速经济发展，促进产业结构优化升级；另一方面，能源消耗效率的降低会制约产业发展。

图4.11为2011—2015年北京国家级经开区汽车制造业能源消耗量。从总体

趋势看，2011—2015年，汽车产业能源消耗量逐渐增加，且增速逐年加快。其中，2014—2015年的增长幅度达到了50.4%，位列制造业各部门之首。同时，能源消耗的增加也为汽车产业产值的增长提供了强有力的解释。2011—2015年，汽车产业产值由349.7亿元增长到882.1亿元，其中，2014—2015年增幅最大，达到45%，与产业能源消耗的增幅相一致,充分说明了加大能源消耗量对于汽车产业的产值增长具有强有力的推动作用。同时，随着汽车产业的迅猛发展，能源消耗量也必将持续增加，但能源的有限性又将从客观上制约经济的增长。近年来，经开区积极探索新能源汽车的发展道路，在稳步发展传统汽车高端品牌的前提下，逐步形成了以北汽集团为依托的新能源汽车发展格局。

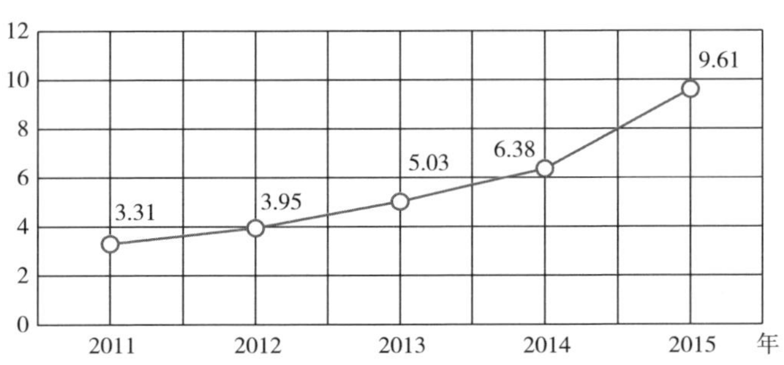

图4.11　2011—2015年汽车制造业能源消耗量（万吨标准煤）

第三，随着近年来产业自主创新能力和从业人员素质的不断提升，汽车制造业人均产值整体呈现上升态势（见图4.12）。据《北京经济技术开发区统计年鉴》显示，2012—2015年，汽车产业产值由389.4亿元增长为882.1亿元，增幅达到127%，同时，行业从业人数也从2012年的11 447人增加至15 571人。在产业发展规模增长显著的同时，汽车制造业人均产值实现了较大幅度增长，从340.18万元增长为566.50万元，涨幅达到67%，表现出集约化的高效增长方式。

（2）电子信息产业。

北京经开区的电子信息产业受制于企业数量少、规模小的特点，近年来发展呈现下降态势，但仍在经开区内占有重要地位，同时企业的资产利用效率与营利能力却呈现稳定增长态势，此外，受产业自有资本缺乏等因素影响，企业被迫选择负债经营模式（见图4.13）。

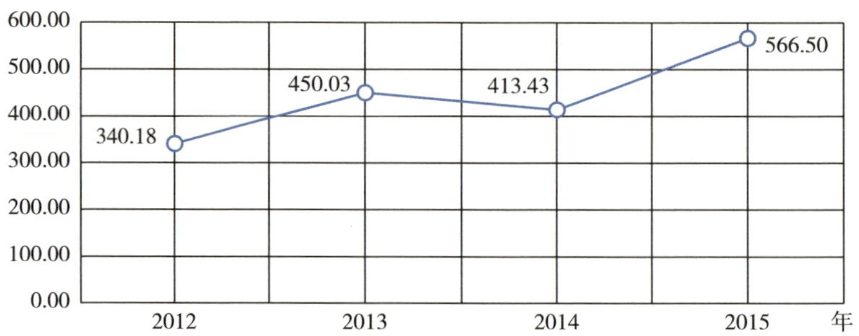

图4.12 2012—2015年汽车制造业人均产值（万元）

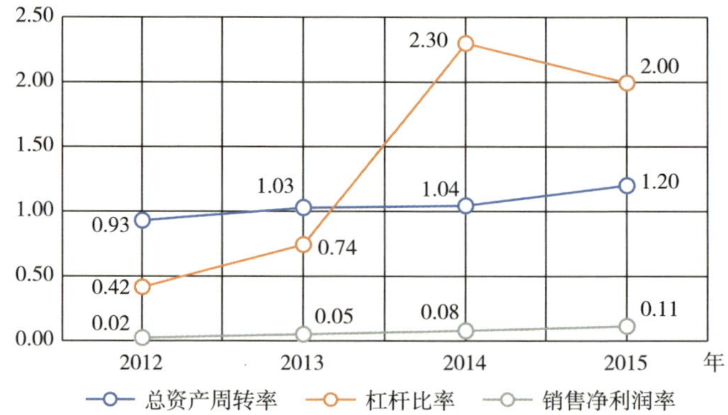

图4.13 2012—2015年北京经开区电子信息产业主要经济指标

2012—2015年，经开区的电子信息产业企业经营效率利润持续增长，全部资产的经营质量和利用效率不断提升，总资产周转率由0.93上涨为1.20，企业的销售净利润率实现了稳定增长，由0.02上涨为0.11，涨幅达到450%，成本利润率亦呈现较快上升态势，涨幅达到114%。

电子信息产业生产技术的进步以及区域竞争的加剧是导致产值降低、资产利用效率与盈利能力提高这一“矛盾”现象的主要因素。一方面，据北京经开区工作计划显示，近年来，经开区全力发展新一代电子信息技术产业，技术的进步提高了产业生产效率，各企业有效地降低了生产成本，提高了利润；另一方面，近年来，中关村科技园等其他电子科技经开区强势崛起，对北京经开区的电子信息产业发展施加了极大的竞争压力。为拓展市场份额，部分企业采取降价策略，导致整体产值呈现下降态势。

除资产周转率和销售净利润率外，杠杆比率的整体走高也体现了经开区电子信息产业的发展对外界资本的依赖程度逐渐提高。一方面反映了电子信息产业吸纳外界资本的能力依然较强，说明尽管该产业近年来产值持续下跌，外界仍然对产业的未来发展前景表示乐观态度；另一方面，高杠杆率的负债经营将加剧产业内企业的经营风险，降低产业整体对外界风险的防范能力，不利于产业的长期发展。

随着“非首都功能”疏解战略规划的深入，电子信息产业作为高能耗产业，在实现产业经济发展的同时，有必要改善能源结构，转变为低能耗、低污染、低排放为基础的经济模式。

图4.14为2011—2015年，经开区计算机、通信和其他电子设备制造业能源消耗量。相较于其他产业部门，电子信息产业的能源消耗常年维持在较高水平，2011—2015年，平均年消耗量达到25.612万吨标准煤。其中，2011—2014年，该产业能源消耗量由19.78万吨标准煤上涨为28.25万吨标准煤，涨幅接近43%。说明在此阶段，电子信息产业虽然经历了快速的技术进步，但仍然难以改善相对高能耗的增长方式。同时，高能耗所带来的税收等费用压力也在一定程度上加剧了产值的下降。

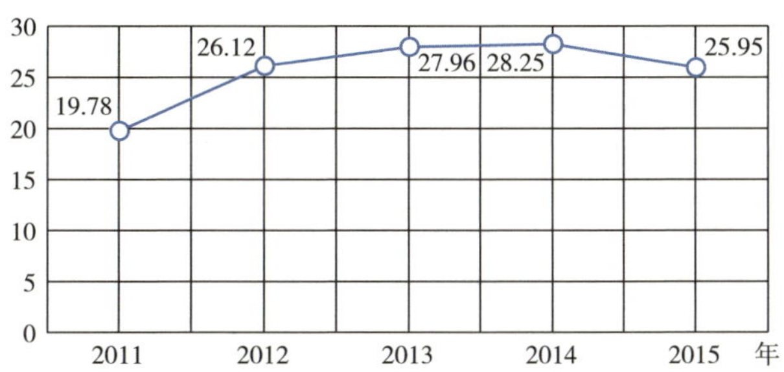

图4.14 2011—2015年计算机、通信和其他电子设备制造业能源消耗量（万吨标准煤）

相较于发展快速的汽车制造业，电子信息产业人均产值整体相对较低，其中，2014—2015年遭遇显著下滑。据《北京经济技术开发区统计年鉴》显示，2012—2015年，电子信息产业产值由1 276.7亿元下降到599.5亿元，下降幅度超过53%。另一方面，行业从业人数由50 900人下降到39 390人，降幅约为23%。

从统计数据看，2012—2014年，该产业人均产值呈现出较为稳定的增长态势，由171.47万元增长为177.13万元。然而，2014—2015年，人均产值遭遇了大幅度下跌，由177.13万元下降为152.20万元，降幅达到14%（见图4.15）。在生产总值和从业人数持续下跌的情况下，北京经开区的电子信息产业急需明确产业发展方向，调整产业结构，提高科技创新能力，开发高附加值产品，扭转产值下降趋势。同时，经开区内各电子类企业应加强基础设施建设，改善工作环境，适度提高劳动报酬，吸引高端人才，提高产业整体竞争力。

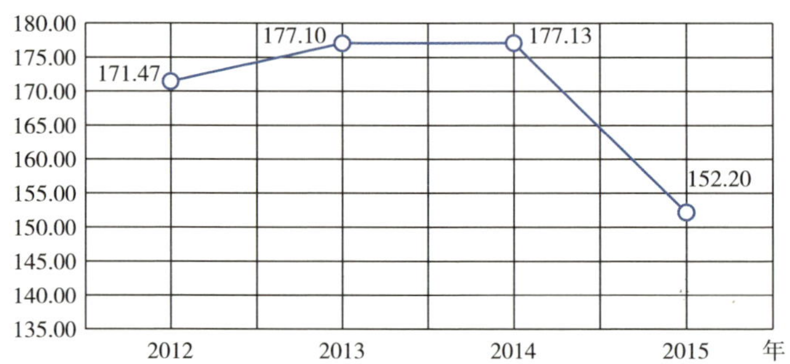

图4.15　2012—2015年计算机、通信和其他电子设备制造业人均产值（万元）

（3）生物医药产业。

近年来，北京经开区生物医药产业平稳增长，呈现小步伐扩张模式。截至2015年，经开区内已聚集了百余家化学药、生物药、中成药、医疗器械、保健品和服务外包骨干企业，形成了包括基因组学相关技术、病毒生物技术、疫苗、抗体及蛋白相关技术、药物安全性评价、诊断试剂、化学合成与制剂等门类齐全的研发体系及项目孵化、科研成果转化服务体系，其销售收入占北京市生物医药销售收入的50%以上①。

近年来，生物医药产业发展较为平稳，除行业对于资产的利用效率略有下降外，产值和盈利能力的增长以及经营风险的防控均维持在较为稳定的水平（见图4.16）。

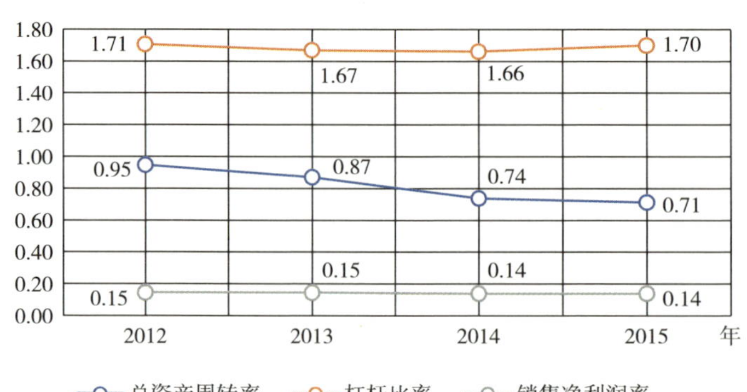

图4.16　2012—2015年北京经开区生物医药产业主要经济指标

① 北京经开区官方网站.http：//www.bda.gov.cn/cms/sdzdcy/51622.htm

生物制药产业能源消耗总体上维持在较低水平，但2014年之后有显著增加趋势（见图4.17）。

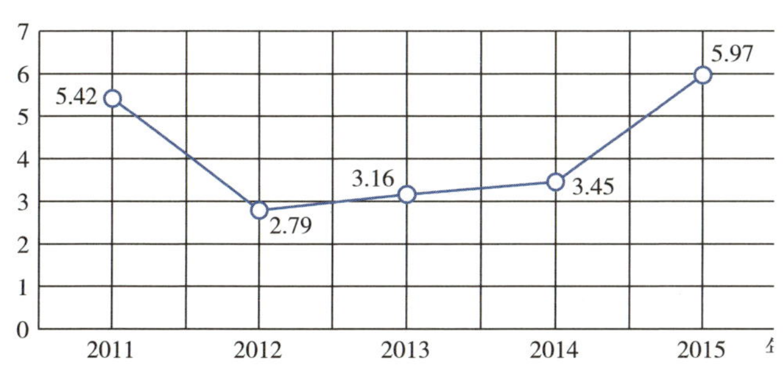

图4.17 2011—2015年生物制药产业能源消耗量（万吨标准煤）

生物医药产业人均产值相对低于汽车制造和电子信息产业，且近年来变动幅度不大。其中，总产值增长幅度为1.15%，行业从业人数由2012年的18 121人增长为22 822人，增长幅度为26%（见图4.18）。2012—2015年，生物医药产业人均产值变动幅度较小，基本维持在130.16万元左右。由于产业自身特点所限，生物医药产业的人均产值无法达到电子信息产业，甚至汽车产业的人均产值水平。但从2013年开始，随着大量高精尖生物项目的展开，人均产值呈现出逐渐增长的态势。

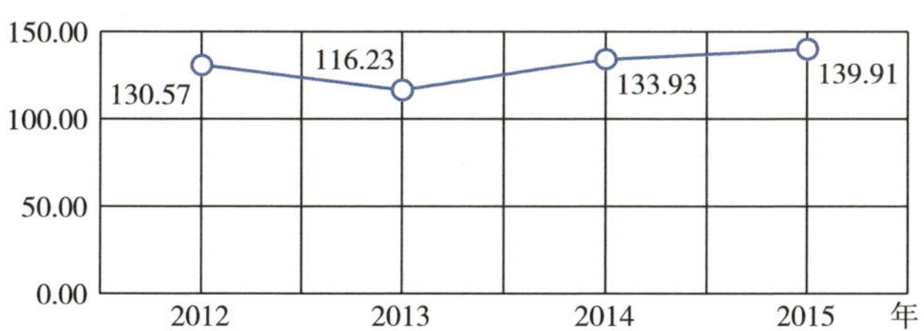

图4.18 2012—2015年生物医药产业人均产值（万元）

（4）装备制造产业。

北京经开区装备制造产业近年来呈现“高开低走”态势，增长稳定性较差。目前，经开区内聚集了一些世界顶级装备制造企业以及众多国内行业领军企业。经开区在坚持高技术、高附加值、节能降耗标准的基础上，着重发展新能源与节能环保设备，医疗、大型数控机床及机器人等的生产制造。装备制造产业不论是总产值、总资产周转率、杠杆比率，还是销售净利润率均

表现出较为稳定的发展态势（见图4.19）。

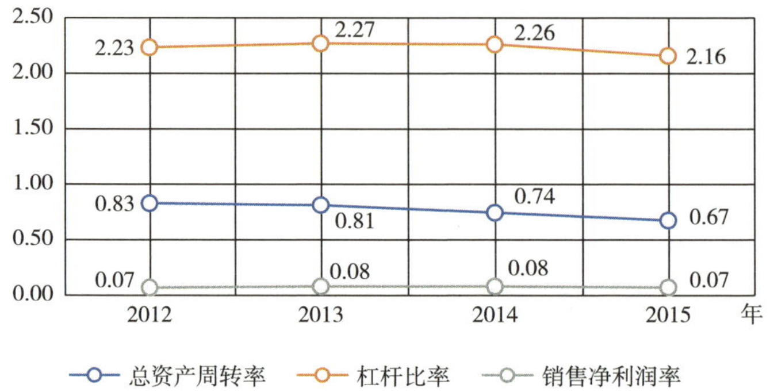

图4.19　2012—2015年北京经开区装备制造产业主要经济指标

随着近年来产业自主创新能力的不断提升，装备制造业人均产值整体呈现上升态势。据2016年《北京经济技术开发区统计年鉴》显示，2012—2015年，装备制造产业产值由388.3亿元增长为463.2亿元，增幅达到19%，从业人数从2012年的43 698人减少至36 908人的同时，装备制造业人均产值实现了快速持续增长，从104.79万元增长为125.50万元，涨幅达到20%。这说明装备制造产业近年来通过技术创新、提高劳动者素质，改善资金、设备、原材料的利用率，从而实现人均产值持续增长（见图4.20）。

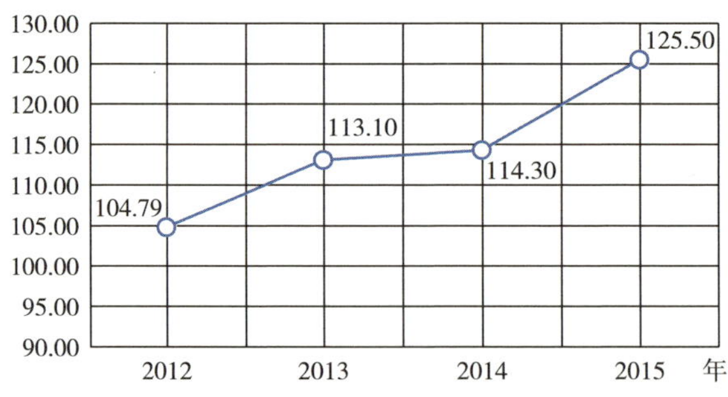

图4.20　2012—2015年装备制造产业人均产值（万元）

4.2.3　天津市各经开区主导产业分析

天津作为中国北方经济中心，其总体发展处于工业化后期阶段，其主要表现在三个方面。

（1）从人均GDP水平看，2014年，天津人均GDP按当年汇率换算超过17 388美元，表明其已经进入后工业化社会。

（2）从产业结构看，2014年，天津市三次产业结构为1.3：49.4：49.3，第三产业尚未在经济社会发展中占主导地位，根据中国第一增长极深圳和第二增长极上海的经验，天津当前正处于工业化后期并开始向后工业化社会过渡阶段。

（3）从霍夫曼系数看，天津工业结构高度化趋势明显，并开始由一般加工工业为中心向更高级的技术密集型加工工业为中心转变。

4.2.3.1 天津经开区主导产业分析

天津经开区已经发展成为我国经济规模最大、外向型程度最高的国家级经开区，是天津滨海新区的核心区和标志区，定位于打造滨海新区先进制造和研发转化基地和现代服务业的聚集区，努力吸引、容纳各种先进经济要素和经济实体，致力于构建一个拥有更多物质和精神财富，资源丰富、充满活力、欣欣向荣、和谐发展的中国新经济平台。

（1）天津经开区产业发展概况。

2015年，天津经开区实现地区生产总值2 905.59亿元，较2014年增长了4.11%，人均生产总值已达到发达国家水平。工业是天津经开区经济发展的重要支撑，天津经开区的发展与工业的发展密不可分。2010—2014年，天津经开区工业生产总值始终保持稳步增长的趋势， 2015年，天津经开区实现工业总产值8 200.78亿元，虽然较2014年下降了6.88%，但第二产业总体比重保持稳定[①]。经开区良好的发展态势，为当地带来了可观的收益，2015年，天津经开区财政收入为499.84亿元，由于受整体经济形势的影响较前年有所下降，但相对于2010年增长了38.41%，在京津冀13个国家级经开区中仍排在首位。

2010—2015年，经开区的第三产业发展状况较为平稳，现代服务业引领区内产业配套升级，2015年，天津经开区实现第三产业增加值740.97亿元，较2010年增长了21.93%。其中金融业实现增加值223.18亿元，较上年增长9.2%，批发和零售业实现增加值158.18亿元，增长了10.3%[②]。经开区

① 刘华建，杜洪策.天津滨海新区统计年鉴（2016）［M］.北京：中国统计出版社，2016.

② 刘华建，杜洪策.天津滨海新区统计年鉴（2016）［M］.北京：中国统计出版社，2016.

金融改革不断深化，新兴金融产业加速聚集，市场销售不断扩大。与此同时，近年来，天津经开区高新技术产业发展态势良好，高新技术企业加速聚集。2015年，天津经开区共实现现代制造业总产值6 481.51亿元，占工业总产值的73.17%。其中计算机、通信和电子设备制造业和汽车制造业分别占比29.68%，21.16%，合计占现代制造业总产值的50.84%。

天津经开区现代制造业产业门类众多，近几年，天津经开区产业结构不断优化升级，形成主导产业规模不断扩大、其他产业稳定均衡发展的格局。图4.21展示了2015年天津经开区主要工业的发展情况。

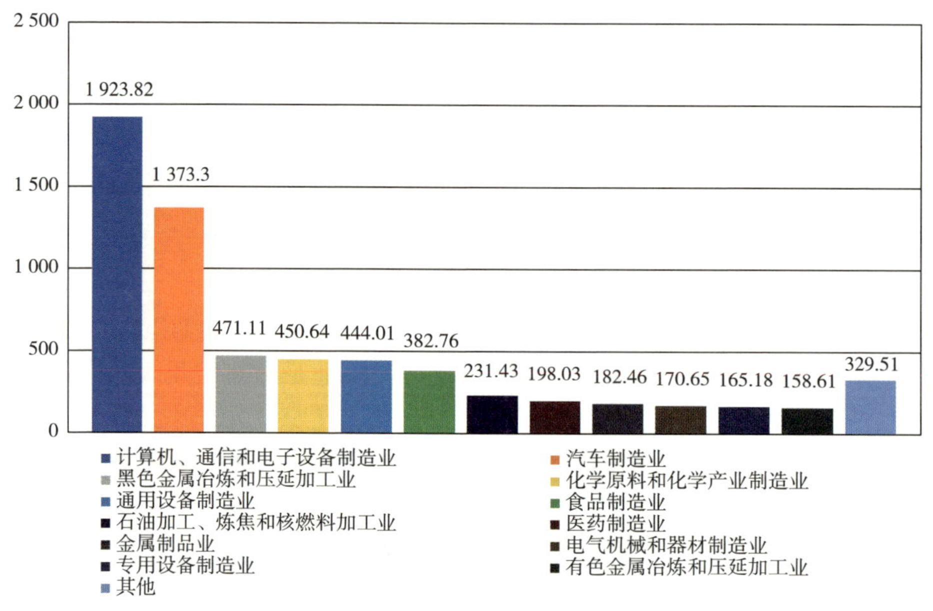

图4.21　2015年天津经开区各产业产值（亿元）

（2）主导产业的识别。

按照区域配置系数的高低，2015年，天津经开区现代制造业中计算机、通信和电子设备制造业，汽车制造业，黑色金属冶炼和压延加工业，化学原料和化学产业制造业，通用设备制造业位居天津经开区2015年主导产业前5名（见表4.2），其产值占工业总产值的比重为83.53%，从区域配置系数的角度看这些产业具备了成为天津经开区主导产业足够的产业规模。从区位熵的高低看，2015年，天津经开区有色金属冶炼和压延加工业，汽车制造业，化学原料和化学产业制造业，计算机、通信和电子设备制造业，非金属矿物制品业，通用设备制造业，橡胶和塑料制品业的区位熵均大于1。可以认为这些产业在天津经开区都具有专业化优势。按照区位熵大于1，区域配置系数大于2%的标准，2015年在天津经开区15种现代制造业产业门类中，有4个可以列为天津经开区的主导产业，分别是计算机、通信和电子设备制造业，汽车制造业，通用设备制造业、化学原料和化学产业制造业，这4个产业专业化程度高，重点产业优势明显。

表4.2　2015年天津经开区各产业区域配置系数与区位熵

产业门类	区域配置系数(%)	区位熵
计算机、通信和电子设备制造业	21.37	1.23
汽车制造业	15.25	1.12
黑色金属冶炼和压延加工业	5.23	0.73
食品制造业	4.25	0.65
医药制造业	2.20	0.35
通用设备制造业	4.93	1.11
电气机械和器材制造业	1.90	0.46
化学原料和化学产业制造业	5.01	1.25
专用设备制造业	1.83	0.51
石油加工、炼焦和核燃料加工业	2.57	0.90
金属制品业	2.03	0.79
农副食品加工业	1.16	0.91

（3）天津经开区四大主导产业发展分析。

2010—2015年，天津经开区现代制造业加速聚集，招商机制散发活力。增长速度最快的石油化工产业产值从2010年的389.75亿元增长到2015年的910.3亿元，增长幅度达130%。经开区重点打造先进制造研发，实现先进制造、生产性服务和研发转化的有机融合、协调发展。2015年，经开区全年实现工业增加值2 139.80亿元，其中规模以上工业增加值为2 125.90亿元，较上年增长了10.8%。四大主导产业实现生产总值共计4 534.47亿元，占天津经开区工业总产值的55.29%。2014—2015年经开区中四大优势产业出现了产值增长较慢甚至下降的情况。其中电子信息产业下降趋势明显，产值由2014年的

1 928.81亿元下降为2015年的1 523.84亿元，下降了21.02%（见图4.22）。

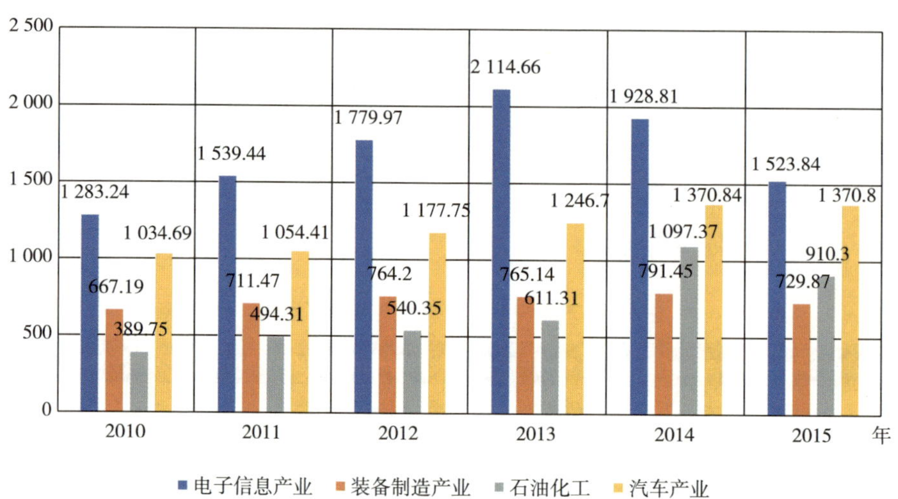

图4.22　2010—2015年天津经开区四大主导产业产值（亿元）

在各主导产业中，电子信息产业是规模最大的支柱产业，具有良好的产业基础，其中传统电子信息制造业已经形成完整的产业链，同时新一代信息技术产业也正蓬勃发展。2015年，电子信息产业实现工业总产值1 523.84亿元，占全区规模以上工业总产值的18.6%。目前，在天津落户的主要有三星、西门子、摩托罗拉、富士康等知名企业。这些企业形成了实力雄厚的电子信息制造产业群和较为完整的产业链，战略新兴信息技术产业已形成聚集。

汽车制造业也是天津经开区的优势产业之一，天津经开区是天津汽车工业的主要聚集地。2015年，天津经开区已拥有各类汽车生产企业110余家，汽车产业实现产值1 370.8亿元人民币，同比增长9.7%，占全区规模以上工业总产值的 15.4%。拥有多个整车企业、汽车零部件企业。同时，还设有与汽车相关的两个内资科研机构、4个外资独立科研机构和1个企业非独立科研机构①。

天津经开区是中国装备制造最发达的地区之一，同时也是“中国制造2025”战略任务实施的先发区域。2010—2015年，装备制造业生产总值保持稳步增长。2015年，天津经开区装备制造业实现工业总产值729.9亿元，

① 天津经济技术经开区网站，http：//lyzt.ctex.cn/article/zt_tjtd/hxyw/201507/20150700005725.shtml.

占全区规模以上工业产值的8.9%。拥有规模以上装备制造企业300余家，聚集了一批世界500强企业和国内外行业领军企业。该产业门类齐全，配套及产业链完善，主要产品包括运载火箭、电梯、石化装备、风力发电设备等，有20余家科研机构为企业发展提供强劲的技术支持，产业聚集效应显著①。

凭借渤海湾油气资源丰富的区位优势，石油化工产业是天津经开区的后起之秀，呈现出低开高走的态势，生产总值连年攀升，2015 年实现总产值910.3 亿元，占天津经开区工业总产值的 11.1%。目前已形成500亿元的产业集群，有200余家石油化工企业落户经开区②。

4.2.3.2 西青国家级经开区主导产业分析

2010—2015年，西青经开区地区生产总值呈现稳步上升趋势。2010年地区生产总值为123.55亿元，2011年实现跨越式增长，产值翻了一番，2014年为464.73亿元，五年间生产总值增长了341.18亿元，平均年增速为39.26%，成为名副其实的地区经济增长的领头羊。同时，西青经开区的工业总产值呈现高速增长趋势，2010年的工业总产值为451.03亿元，2011年达到1 066.07亿元，首次突破千亿大关，五年内工业总产值增加了1 234.1亿元，年均增长率为39.03%。截至2016年4月，经开区已有33个国家和地区的2 024家企业入驻，其中世界500强企业36家，累计吸引资金208亿美元，其中外资128.5亿美元③。西青经开区正在迅速崛起，成为国内最具竞争力和发展潜力的国家级经开区之一。

从产业增加值看，第二产业对西青经开区经济带动作用明显，第三产业发展稳中有进。2013—2015年，西青经开区积极推进产业高新化发展，加快企业转型升级，第二产业增加值从355.78亿元迅速上升到457.04亿元，增长率为28.46%，年均增长率为13.34%；第三产业增加值保持了稳步上升的趋势，2015年达到54.34亿元（见图4.23），年均增长率为6.39%，其中以楼宇经济为代表的现代服务业正在逐步壮大。

---

① 天津经济技术开发区网站，http：//lyzt.ctex.cn/article/zt_tjtd/hxyw/201507/20150700005729.shtml

② 天津经济技术开发区网站，http：//lyzt.ctex.cn/article/zt_tjtd/hxyw/201507/20150700005730.shtml

③ 天津西青经济技术开发区官网，http：//www.xeda.gov.cn/

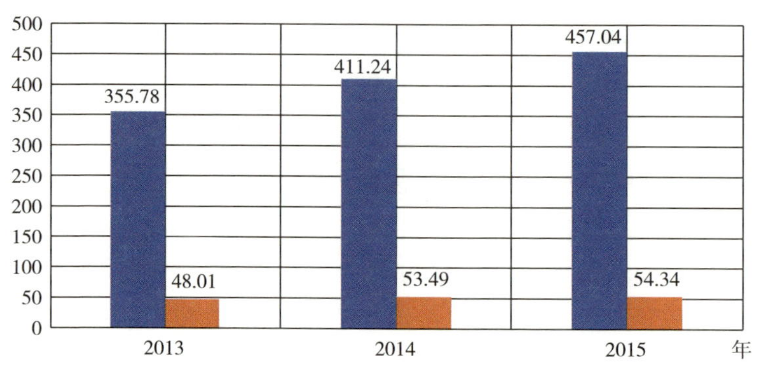

图4.23 2013—2015年西青经开区第二、第三产业增加值（亿元）

2014年，西青经开区的计算机、通信和电子设备制造业，黑色金属冶炼和压延加工业，汽车制造业，金属制品业产值较为突出，共实现产值1 195.27亿元，占整个经开区工业总产值的70.93%，其中计算机、通信和电子设备制造业占28.70%，黑色金属冶炼和压延加工业占比15.53%，汽车制造业占比15.28%，金属制品业占比11.43%（见图4.24），以上产业对西青经开区工业总产值有重要影响。

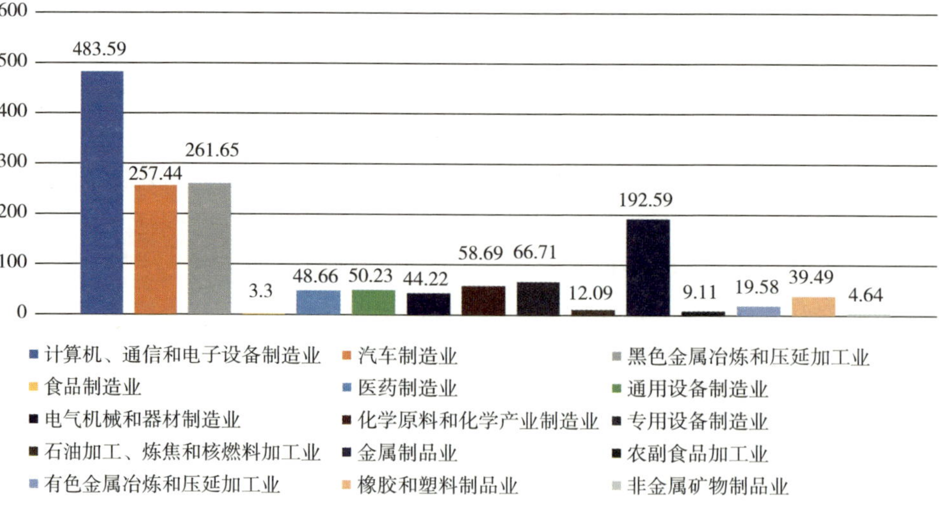

图4.24 2014年西青经开区各产业产值（亿元）

（1）主导产业的识别。

根据主导产业的判定条件，即满足区域配置系数至少不低于2%且区位熵大于1，西青经开区有6个产业可被认定为主导产业，分别是计算机、通信和电子设备制造业，黑色金属冶炼和压延加工业，汽车制造业，金属制品业，专用设备制造业，橡胶和塑料制品业。这6个产业具有成为西青经开区主导产业的规模，且在京津冀经开区中具有一定的专业化优势。其中，计算机、通信和电子设备制造业独占鳌头，产值占比达到28.70%；黑色金属冶炼和压延加工业，汽车制造业，金属制品业产值占比都在10%以上，在西青经开区的产业结构中具有重要地位；专用设备制造业与橡胶和塑料制品业也被带动发展起来，产值占比分别为3.96%和2.34%；计算机、通信和电子设备制造业，橡胶和塑料制品业，黑色金属冶炼和压延加工业与金属制品业的区位熵分别达到1.65，2.00，2.17，4.47（见表4.3），在京津冀经开区内专业化优势尤其明显。

表4.3　2014年西青经开区各产业区域配置系数与区位熵

产业门类	区域配置系数(%)	区位熵
计算机、通信和电子设备制造业	28.70	1.65
黑色金属冶炼和压延加工业	15.53	2.17
汽车制造业	15.28	1.12
金属制品业	11.43	4.47
专用设备制造业	3.96	1.11
化学原料和化学制品制造业	3.48	0.87
通用设备制造业	2.98	0.67
医药制造业	2.89	0.46
电气机械和器材制造业	2.62	0.64
橡胶和塑料制品业	2.34	2.00
有色金属冶炼和压延加工业	1.16	0.92
石油加工、炼焦和核燃料加工业	0.72	0.25
农副食品加工业	0.54	0.42
非金属矿物制品业	0.28	0.25
食品制造业	0.20	0.03

上述产业中满足区域配置系数不低于2%，但区位熵小于1的产业有四个，分别是化学原料和化学制品制造业，通用设备制造业，医药制造业，电气机械和器材制造业，说明这四个产业具有成为西青经开区主导产业的规模，但在京津冀经开区中不具备专业化优势。其中，化学原料和化学制品制造业的主要代表是个人高档护理品产业，通用设备制造业与电气机械和器材制造业主要代表是机械制造产业，产值占比分别为3.48%，2.98%，2.62%，已经具备主导产业规模；医药制造业是老牌主导产业，限于产业规模，产值占比为2.89%，已经被许多“后起之秀”赶超。

按照区域配置系数的高低，区域配置系数前五强的产业为计算机、通信和电子设备制造业，黑色金属冶炼和压延加工业，汽车制造业，金属制品业，专用设备制造业，其总产值占工业总产值的比重为74.89%。按照区位熵的高低，区位熵前五强的产业为金属制品业，黑色金属冶炼和压延加工业，橡胶和塑料制品业，计算机、通信和电子设备制造业，汽车制造业，其产值占比为73.28%，略低于区域配置系数前五强产业的工业总产值占比。总体来看，同时入选区域配置系数前五和区位熵前五的产业共有四个，分别是计算机、通信和电子设备制造业，汽车制造业，黑色金属冶炼和压延加工业，金属制品业。这说明，无论是从产业增加值贡献度看，还是从产业专业化程度看，上述产业在西青经开区工业体系中都具有重要地位。

（2）西青经开区主导产业发展分析。

2004年，西青经开区成为国家首批命名的九大电子信息产业基地之一，2016年，正式获得国家工信部授牌，成为第七批“国家新型工业化产业示范基地”。电子信息产业是西青经开区第一大支柱产业，产业规模大、辐射带动能力强。目前已形成集成电路、移动通信、电子元器件、消费类电子和电子模具五大产业集群为主要构成的电子信息产业体系，吸引了一些全球知名企业入驻，成为中国北方知名度高、产业集聚度高的集研发、生产、应用于一体化的电子信息产业基地之一。本书将计算机通信和电子设备制造业归类于电子信息产业，2014年电子信息产业（计算机、通信和电子设备制造业）产值达到483.59亿元，占经开区工业总产值的比例为28.7%。

汽车配套产业是西青经开区重点培育产业，2014年拥有汽车空调、转向系统、齿轮压铸、安全系统、装饰五大类主导产品。依托西青区汽车产业聚集优势，西青经开区目前已发展成为亚太地区规模最大的汽车空调零部件生产基地和国内最大的汽车转向泵生产基地。

根据天津市“一轴两翼、十二大板块”的生物产业格局，经开区将着力打造生物医药产业集群。目前西青经开区拥有心脑血管、抗菌和抗癌三大类药品，已经成为中国华北地区重要的生物医药产业基地。2014年生物医药产业（包括医药制造业）的产值为48.66亿元，产值占比为2.89%。

西青经开区已经形成完整的个人高档护理品产业链，成为中国北方规模最大的个人生活用品生产基地，中国最大的妇女儿童卫生用品生产基地。2014年个人高档护理品产业（包括化学原料和化学制品制造业）产值为58.69亿元，产值占比3.48%。

机械制造业作为西青经开区的高速聚集产业，经过多年发展，已经形成了高端液压产业、电气自动化产业、矿业装备产业三大方向，吸引了以优瑞纳斯、通洁高压泵等企业为代表的民营领军企业和一些国际知名企业。2014年金属制品业、专用设备制造业、通用设备制造业、电气机械和器材制造业的产值分别为192.59亿元、66.71亿元、50.23亿元、44.22亿元（合计为353.75亿元），占经开区工业总产值比例分别为11.43%，3.96%，2.98%，2.62%（合计为20.99%）。

4.2.3.3 武清国家级经开区主导产业分析

2010年以来，武清经开区的地区生产总值呈现明显的逐年上升趋势且上升幅度较大（见图4.25）。2010—2015年，武清经开区地区生产总值由128.67亿元增加到467.16亿元，增长了338.49亿元，平均年增速为29.42%。2015年工业增加值达到365.68亿元，较2010年增长了284.99亿元。经开区成为武清区名副其实的对外开放窗口，引领创新、带动转型、支撑发展的龙头。

图4.25 2010—2015年武清经开区生产总值与工业总产值（亿元）

此外，财政收入、税收收入呈现持续增长的趋势。2010—2015年，武清经开区税收收入和财政收入分别增长了76.78亿元、80.36亿元，平均年增长率分别为22.62%和21.91%，年均增长率都高于20%，为武清地区带来了很大的经济效益。

2013年以来，武清经开区第二产业呈持续增长的趋势，同时第三产业增加值也不断增长。2013年第二产业增加值为278.15亿元，2015年第二产业增加值为365.68亿元，增长了87.53亿元。虽然第三产业增加值在2013—2015年仅增长了17.08亿元，增幅为21.9%，但依旧保持稳定增长的趋势，第三产业集聚扩张能力有待进一步提升（见图4.26）

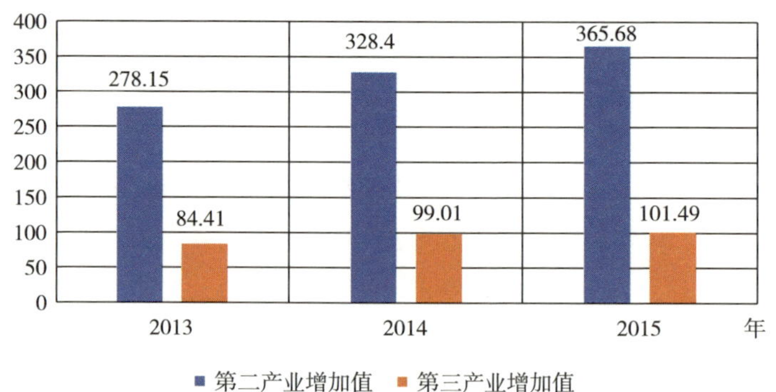

图4.26　2013—2015年武清经开区第二、第三产业增加值（亿元）

经过多年的建设，武清经开区已经形成了以高端制造业等为支柱产业、第二、三产业协调发展的产业格局。建区以来，共吸引投资1 400亿元，其中外资80亿美元以上，引入50个国家和地区的2 200余家企业。“十三五”期间，武清经开区全面落实创新、协调、绿色、开放、共享五大发展理念，以“产业提升、内涵提升、效益提升”为重点，坚持创新驱动，加速转型升级，建成功能完备的科技新城、产业突出的功能新区、高效规范的“双创”乐园。

2010—2015年，食品制造业成为武清经开区制造业发展的中坚力量（见图4.27）。在此期间，主导产业高端装备制造业呈现产业集聚的现象，其中通用设备制造业，计算机、通信和电子设备制造业以及汽车制造业产值达到了139.09亿元。

（1）主导产业的识别。

按照区域配置系数的高低，食品制造业，通用设备制造业，计算机、通信和电子设备制造业，汽车制造业和非金属矿物制品业处于前五名，其产值

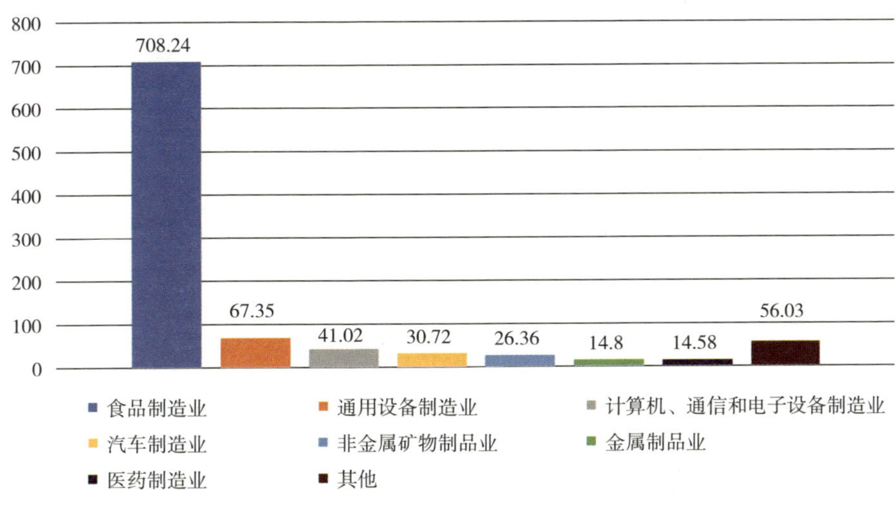

图4.27　2015年武清经开区各产业产值（亿元）

占工业总产值的比重为76.13%。按照区位熵的高低，食品制造业、非金属矿物制品业、通用设备制造业、橡胶和塑料制品业与有色金属冶炼和压延加工业是前五强，产值占比达到71.79%，略低于区域配置系数前五强产业的工业总产值占比。从总体看，同时入选区域配置系数前五和区位熵前五的产业共有三个，即食品制造业、通用设备制造业、非金属矿物制品业（见表4.4）。这表明，无论是从产业增加值贡献度看，还是从产业专业化程度看，上述产业在武清经开区工业体系中的地位都是举足轻重的。

表4.4　2015年武清经开区各产业区域配置系数与区位熵

产业门类	区域配置系数(%)	区位熵
食品制造业	61.71	9.37
通用设备制造业	5.87	1.32
计算机、通信和电子设备制造业	3.57	0.21
汽车制造业	2.68	0.20
非金属矿物制品业	2.30	2.09
金属制品业	1.29	0.50
医药制造业	1.27	0.20
橡胶和塑料制品业	0.98	0.84
有色金属冶炼和压延加工业	0.93	0.74
化学原料和化学产业制造业	0.84	0.21
黑色金属冶炼和压延加工业	0.83	0.12
专用设备制造业	0.57	0.16

（2）武清经开区主导产业发展分析。

武清经开区食品制造业企业数量多，规模大，近年来发展平稳，自经开区成立以来，食品制造业产业一直是经开区的龙头产业。尽管其他产业也逐步发展，但短时间内食品制造业产业仍居主导地位。2015年，食品制造业在武清经开区的三大主导产业中的产值比高达88.3%，是毋庸置疑的支柱产业。

近年来，通用设备制造业发展势头良好，经开区内聚集有世界顶级装备制造企业以及众多国内行业领军企业。经开区以促进产业高端化、集群化、融合化发展为导向，着力打造智能制造亿级产业集群，带动现有企业配套发展，推动天狮等龙头企业稳定增长，确保经济总量不断扩容，实现经济实力提档升位。

非金属矿物制品产业是经开区的第三主导产业。非金属矿物材料是现代高温、高压、高速工业的基础原材料，也是支撑现代高新技术产业的原辅材料和多功能环保材料。因此，非金属矿物制品工业是现代社会的朝阳工业之一，是武清经开区重点打造的主导产业。

4.2.3.4 北辰国家级经开区主导产业分析

近年来北辰国家级经开区的各项经济指标都保持了平稳增长（见图4.28）。2013—2015年，工业总产值保持了每年10%的提升。经开区公共财政预算收入稳步增长，其中2015年为183.3亿元，创历史新高。与此同时，财政对经济社会发展的支持不断加大。2015年，公共财政预算支出为2013年的1.4倍，年均增长27.5%。经开区转型升级效果显著，高精尖产业推动经济增长。

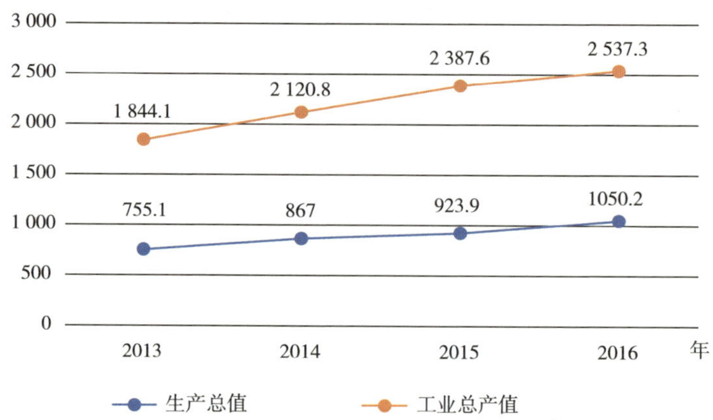

图4.28　2013-2016年北辰经开区地区生产总值与工业总产值（亿元）

近年来，第二产业平均年增速15.4%，第三产业平均年增速为9.7%。2015年在第三产业增加值中，交通运输、邮电、仓储业45.4亿元，批发和零售业132.1亿元，住宿餐饮业14.7亿元，金融业28.2亿元，房地产业27.0亿元，其他服务业107.2亿元；分别比上年增长7.3%，12.1%，7.6%，6.2%，15.7%，5.9%。餐饮业发展不稳定，而批发零售业和房地产业发展保持较高增速。

2015年各产业产值如图4.29所示，四大优势产业产值占全区规模以上工业比重达到81.6%，年销售收入超亿元企业达到230家，经开区先后被评为国家新型工业化装备产业示范基地和全市千亿级装备产业基地。

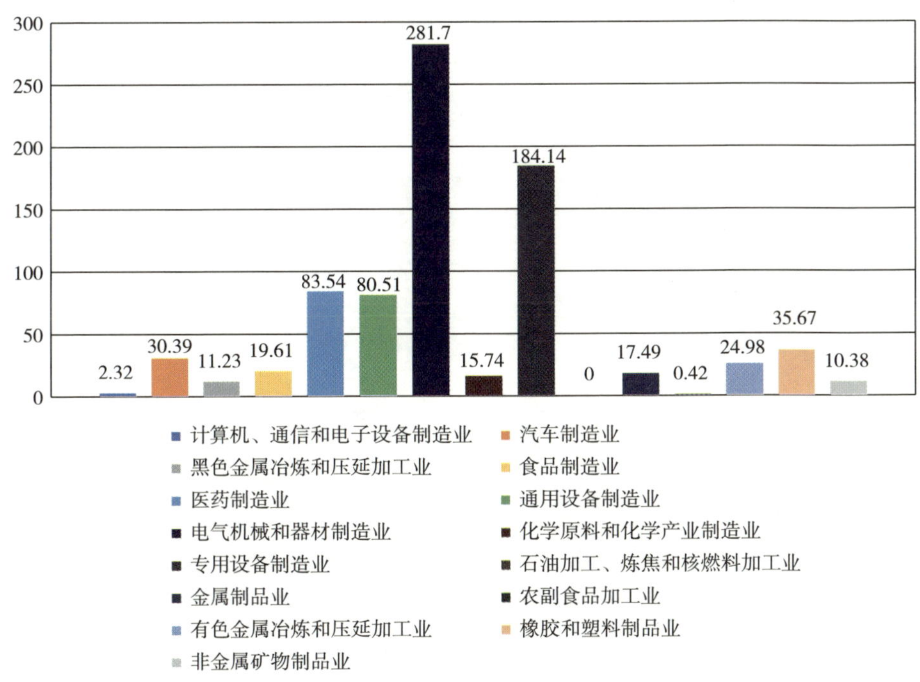

图4.29 2015年北辰经开区各产业产值（亿元）

（1）主导产业的识别。

按照区域配置系数的高低，电气机械和器材制造业、专用设备制造业、医药制造业、通用设备制造业、橡胶和塑料制品业、汽车制造业排在前六名，其产值占工业总产值的比重为77.90%。按照区位熵的高低，电气机械和器材制造业、专用设备制造业、医药制造业、通用设备制造业、橡胶和塑料制品业、有色金属冶炼和压延加工业位于前六强，产值占比达到77.29%，略低于区域配置系数前六强产业的工业总产值占比。而同时入选区域配置系数前五和区位熵前五的产业共有五个，即电气机械和器材制造业、专用设备制造业、医药制造业、通用设备制造业、橡胶和塑料制品业（见表4.5）。

表4.5 2015年北辰经开区各产业区域配置系数与区位熵

产业门类	区域配置系数(%)	区位熵
电气机械和器材制造业	31.53	7.64
专用设备制造业	20.61	5.78
医药制造业	9.35	1.49
通用设备制造业	9.01	2.03
橡胶和塑料制品业	3.99	3.41
汽车制造业	3.40	0.25
有色金属冶炼和压延加工业	2.80	2.22
食品制造业	2.20	0.33
金属制品业	1.96	0.77
化学原料和化学产业制造业	1.76	0.44
黑色金属冶炼和压延加工业	1.26	0.18
非金属矿物制品业	1.16	1.06

（2）北辰经开区主导产业发展分析。

2013—2015年，除电子信息业产值呈现不断下降态势之外，其余产业均基本保持了行业产值上升的趋势。高端产业崛起、战略性新兴产业势头良好、优秀企业云集，涌现出一批行业龙头企业。其中，增长速度最快的新能源制造产业产值从2013年的142.3亿元逐年增长到2016年的315.7亿元，增长幅度达121%。

高端装备制造、生物医药、新能源新材料和电子信息等四大优势产业占规模工业80%以上，基本形成了多个先进制造产业链条。

高端装备制造业和电子制造业持续保持强劲增长态势，其主要新增的产品工业机器人、光电子器件、集成电路、太阳能电池的产量都有大幅度增加。

4.2.3.5 东丽国家级经开区主导产业分析

东丽经开区从2014年升级为国家级经开区以来，经济实现飞速增长。2014—2015年，东丽经开区地区生产总值从83.85亿元增加到97.26亿元，同比增长15.99%，增速比天津市高出6.69个百分点，增速高于天津的其他五个国家级经开区，总量低于天津泰达、西青、武清、北辰经开区，高于天津子牙经开区，在天津六个国家级经开区中位于第五位。

2015年，东丽经开区工业总产值实现321.85亿元（见图4.30），从财政收入看，东丽经开区发展态势良好，财政收入较上年增长了5.22%。从经开区进出口总额看，由于受整体经济形势的影响，2014—2015年，东丽经开区进出口总额整体呈现下降趋势，2014年出口总额为49.25亿元，2015年出口总额下降为40.92亿元，同比下降了16.91%。

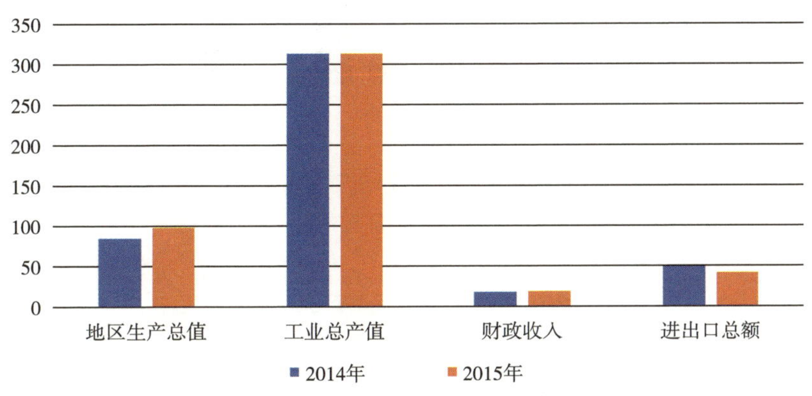

图4.30 2014—2015年东丽经开区主要经济指标（亿元）

2015年，东丽经开区接近60%的项目投资投向了汽车制造业、专用设备制造业、金属制品业、电气机械和器材制造业等主导产业。四大产业实现产值166.46亿元，其中，汽车制造业完成产值96.12亿元，金属制品业完成产值26.51亿元，专用设备制造业完成产值30.14亿元，电气机械和器材制造业完成产值13.69亿元（见图4.31）。

“十三五”时期，东丽经开区将实施资源整合，提升传统产业，完善服务功能，加快产业结构调整，重点发展新能源汽车和汽车核心零部件、生物医药和高端医疗器械、新能源新材料等产业，围绕检验检测和科技金融发展高端服务业，建设产城融合示范区。

根据区域配置系数高低，汽车制造业，专用设备制造业，金属制品业，计算机、通信和电子设备制造业，电气机械和器材制造业五大产业稳居2015年天津市东丽经开区主导产业前五名，其产值占工业总产值的比重为59.74%。按照区位熵的高低，专用设备制造业、金属制品业、汽车制造业、电气机械和器材制造业、橡胶和塑料制品业五个产业稳居2015年天津市

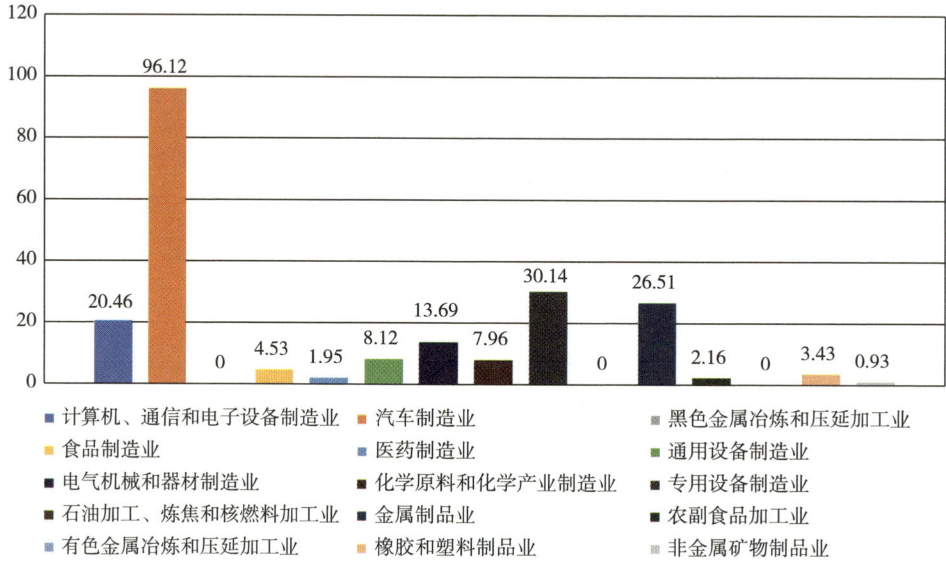

图4.31 2015年东丽经开区各产业产值（亿元）

东丽经开区前五，其产值占工业总产值的比重为54.30%，略低于区域配置系数前五强产业的工业总产值占比。总体来看，同时入选区域配置系数前五和区位熵前五的产业有汽车制造业、专用设备制造业、金属制品业、电气机械和器材制造业（见表4.6）。

表4.6 2015年东丽经开区各产业区域配置系数与区位熵

产业门类	区域配置系数(%)	区位熵
汽车制造业	30.72	2.26
专用设备制造业	9.63	2.70
金属制品业	8.47	3.32
计算机、通信和电子设备制造业	6.54	0.38
电气机械和器材制造业	4.38	1.06
通用设备制造业	2.60	0.58
化学原料和化学产业制造业	2.54	0.64
食品制造业	1.45	0.22
橡胶和塑料制品业	1.10	0.94
农副食品加工业	0.69	0.54
医药制造业	0.62	0.10

续表

产业门类	区域配置系数(%)	区位熵
非金属矿物制品业	0.30	0.27
黑色金属冶炼和压延加工业	0	0.00
石油加工、炼焦和核燃料加工业	0	0.00
有色金属冶炼和压延加工业	0	0.00

4.2.3.6 子牙国家级经开区主导产业分析

子牙经开区是中国北方最大的循环经济经开区，先后被国家发改委、财政部、工信部、环保部和教育部批准为“国家循环经济试点经开区”“国家‘城市矿产’示范基地”“国家循环经济教育示范基地”“国家级废旧电子信息产品回收拆解处理示范基地”“国家新型工业化产业示范基地”“国家进口废物‘圈区管理’经开区”“中国国际青少年活动中心（天津）”[①]。经开区全力打造国际一流的国家级循环经济示范区，成为中国北方地区的“城市矿山”，形成以子牙经开区为龙头的环渤海地区“静脉”产业经济带，促进和反哺于滨海新区“动脉”产业快速发展[②]。

“十三五”期间，天津市将发挥子牙循环经济产业区聚集作用，发挥其针对京津冀城市群的再生资源加工利用功能，进一步做大做精再生资源产业，引进废弃电子电器产品、报废汽车与装备制造、废旧橡塑再生利用、废旧金属再生利用等一批重点项目，通过项目建设完善产业链条、扩大产业规模、提升产业水平[③]。

2012—2015年，子牙经开区地区生产总值呈持续增长的态势[④]，2012年地区生产总值为23.21亿元，2015年地区生产总值为37.37亿元，年平均增速为17.21%，为静海区和天津市经济发展做出了重要贡献。从变化趋势看，子牙经开区工业总产值呈现逐年平稳增长趋势，整体经济规模逐年提高。2012年工业总产值为112.68亿元，2015年工业总产值突破200亿元，达到了215.61亿元，发展速度呈线性增加。

① 子牙循环经济网，http：//www.ziya.gov.cn

② 天津市地志办. 天津区县年鉴（2013）［M］.天津：天津社会科学院出版社，2013.

③ 2020年天津资源循环利用规模达360亿［OL］.http：//tj.zhaoshang.net/2017-09-20/591121.html.

④ 数据来源于搜数网，http：//www.soshoo.com.cn/index.do.

从财政收入看，子牙经开区整体发展态势呈上升趋势。2012—2015年，经开区公共财政收入持续提高，其中2014年为11.68亿元，较2013年增长99.1%，有了突飞猛进的发展。与此同时，财政对经济社会发展的支持不断加大。进出口总额方面，2012年进出口贸易总额为74.88亿元，2013年增加到97亿元，该年为进出口总额最高的一年；2014年和2015年出现下降，其中，2015年进出口贸易总额下降到51.31亿元。子牙经开区财政收入逐年增加①。从变化趋势看，2012—2015年，经开区的财政收入较为平稳，呈现稳定上升趋势，进出口总额呈先升后降态势（见图4.32）。

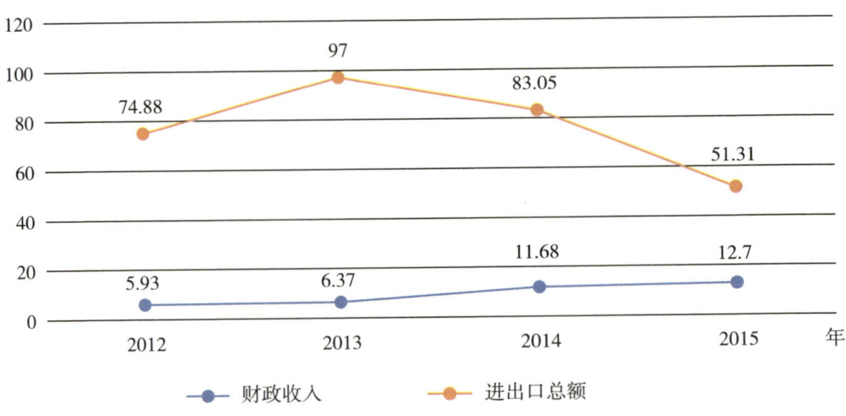

图4.32　2012—2015年子牙经开区地区财政收入与进出口总额（亿元）

子牙经开区第三产业集聚扩张能力得到进一步提升，第三产业不仅代表了经开区产业转型的方向，同时也说明了为经开区内提供金融、生产生活与科技信息等领域的服务能力。2015年，子牙经开区的第三产业增加值为3.23亿元（见图4.33），是2012年的3.1倍。从变化趋势看，2012—2015年经开区的第三产业发展较为平稳，呈现稳定上升趋势。

子牙经开区发展离不开五大特色，在科学发展中，实践“循环子牙”；在绿色文明中，创建“生态子牙”；在推进两化融合中，实现“智慧子牙”；在和谐社会建设中，构筑“宜居子牙”；在经济全球化中，打造“便捷子牙”②。专用设备制造业产值占全区工业产值比重保持在60%，成为带动经开区

① 数据来源于搜数网，http：//www.soshoo.com.cn/index.do

② 子牙循环经济网，http：//www.ziya.gov.cn/cn/index

工业增长的主要动力；2015年有色金属冶炼和压延加工业实现产值0.2亿元；电气机械和器材制造业产值为0.32亿元，占全区工业产值比重的1/4。

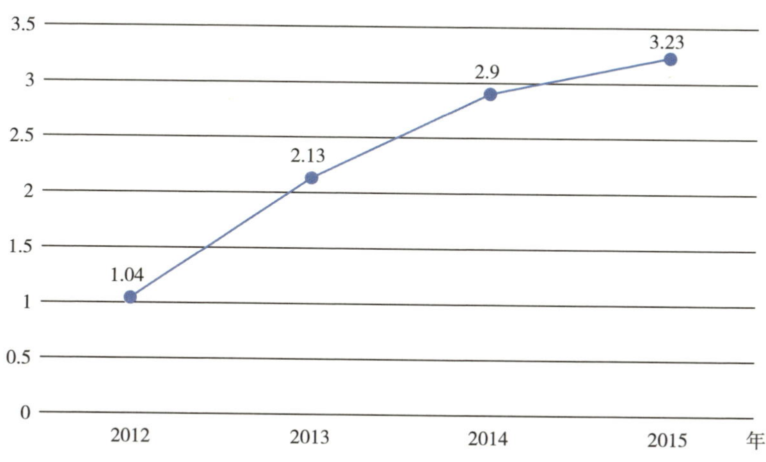

图4.33　2012—2015年子牙经开区第三产业增加值（亿元）

按照区域配置系数的高低，专用设备制造业与电气机械和器材制造业处于前两名，其产值占工业总产值的比重为84.6%。按照区位熵的高低，专用设备制造业与有色金属冶炼和压延加工业位于前两名，产值占比达到75.3，低于区域配置系数前五强产业的工业总产值占比。总体来看，同时入选区域配置系数前两位和区位熵前两位的产业有一个，即专用设备制造业（见表4.7）。根据判定条件，结合子牙经开区2015年的工业数据，有两个产业可以被列为主导产业：专用设备制造业与电气机械和器材制造业。其中，产值比重最高的为专用设备制造业。

表4.7　2015年子牙经开区各产业区域配置系数与区位熵

产业门类	区域配置系数(%)	区位熵
专用设备制造业	0.47	0.13
有色金属冶炼和压延加工业	0.12	0.1
电气机械和器材制造业	0.19	0.05

子牙循环经济项目建设稳中向好，特别是一批精深加工再制造项目展现出良好发展态势，成为经开区项目发展的亮点，该部分隶属于专用设备制造

业。在发展规划中，子牙循环经济将进一步壮大经开区的精深加工再制造产业规模，提升精深加工再制造产业品质，打造独具特色的产业集群，形成特色循环经济发展模式[①]。在项目引进上以壮大产业集群为重点，围绕深加工、再制造、现代服务业等产业精准招商。借助中国循环经济协会等国家级行业协会资源优势，全力打造经开区政策保障、科技研发、金融扶持以及物流交易等公共服务平台，推动形成具有国际影响力的再制造基地。

4.2.4 河北省各经开区主导产业分析

4.2.4.1 秦皇岛经开区主导产业分析

秦皇岛经开区在河北省的经济发展中起着重要的引领作用，2010—2015年，尽管2014年秦皇岛经开区地区生产总值较2013年有所下降，但区内经济稳中有升的趋势保持不变。截至2015年，秦皇岛经开区共实现地区生产总值265.76亿元（见图4.34），较2010年增长了47.41%。秦皇岛经开区是我国的出口加工区，其进出口总额保持稳定。2011—2013年进出口总额略微下降，之后两年来又有所回升，2015年秦皇岛经开区区内进出口总额为205.4亿元，较2010年增长了27.32%。经开区的经济发展为当地带来的经济效益不容忽视，2010—2015年，区内财政收入始终保持稳中有升的趋势，截至2015年，实现财政收入42.51亿元，约为2010年的2倍，经开区工业总产值（工业增加值，规模以上工业增加值169.9亿元），占全市工业的“半壁江山”。

秦皇岛经开区建区伊始，主要依靠优惠税收政策、生产成本低的优势，以发展工业为主实现起步发展。进入发展快速阶段又主要依靠完备的硬件环境，创造良好生产环境，以发展现代制造业为主同时致力于发展高新技术产业。秦皇岛经开区现代制造业产业门类众多，近几年，区内主导产业发展较快，结构调整扎实推进，截至2015年，区内共实现现代制造业总产值619.34亿元，其中汽车制造业总产值为148.4亿元，占比23.96%；农副食品加工业总产值达到109.41亿元，占现代制造业总产值的17.67%（见图4.35）。

---

① 子牙循环经济经开区：再制造产业发展势头良好［OL］.http：//www.sohu.com/a/82618-393_200899

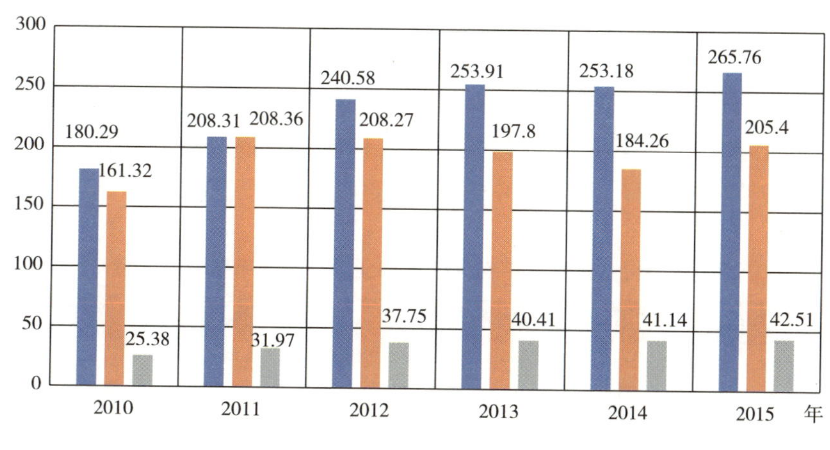

图4.34 2010—2015年秦皇岛经开区主要经济指标（亿元）

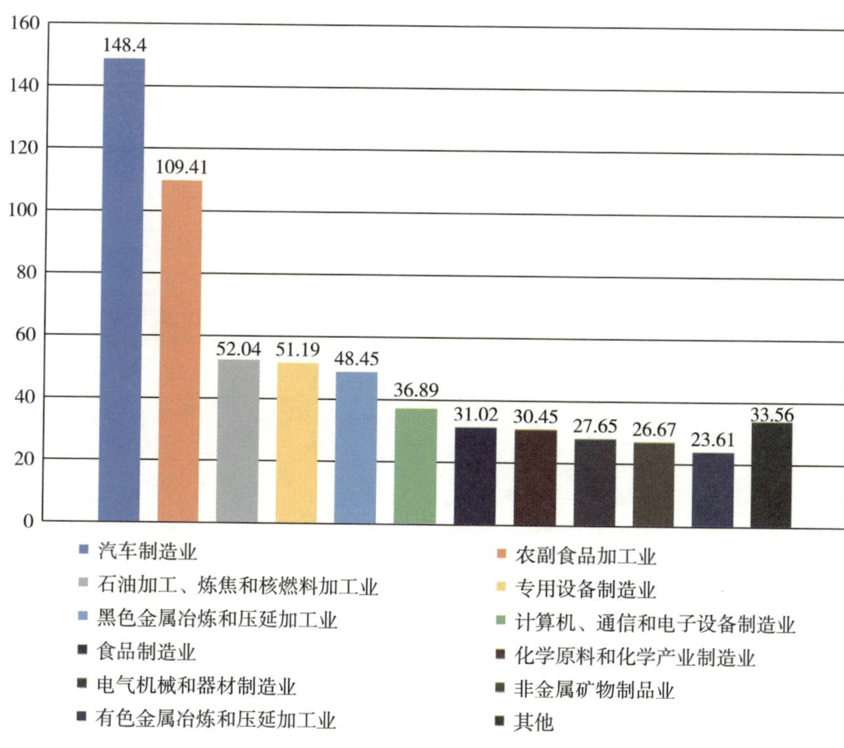

图4.35 2015年秦皇岛国家级经开区各产业产值（亿元）

（1）主导产业的识别。

按照区域配置系数的高低，2015年，秦皇岛经开区现代制造业中汽车制造业，农副食品加工业，石油加工、炼焦和核燃料加工业，专用设备制造业，黑色金属冶炼和压延加工业位居秦皇岛经开区2015年主导产业前5名，其产值占工业总产值的比重为76.19%。从区域配置系数的角度看，这些产业已经具备了成为秦皇岛经开区主导产业足够的产业规模（见表4.8）。

表4.8　2015年秦皇岛经开区各产业区域配置系数与区位熵

产业门类	区域配置系数(%)	区位熵
计算机、通信和电子设备制造业	5.35	0.31
汽车制造业	21.54	1.59
黑色金属冶炼和压延加工业	7.03	0.98
食品制造业	4.50	0.68
医药制造业	0.17	0.03
通用设备制造业	1.62	0.37
电气机械和器材制造业	4.01	0.97
化学原料和化学产业制造业	4.42	1.10
专用设备制造业	7.43	2.08
石油加工、炼焦和核燃料加工业	7.55	2.65
金属制品业	2.03	0.79
农副食品加工业	15.88	12.40
有色金属冶炼和压延加工业	3.43	2.72
橡胶和塑料制品业	1.04	0.89
非金属矿物制品业	3.87	3.52

从区位熵看，2015年，秦皇岛经开区农副食品加工业，有色金属冶炼和压延加工业，石油加工、炼焦和核燃料加工业，专用设备制造业，汽车制造业的区位熵排在15种产业中的前5名，说明这些产业在秦皇岛经开区都具有专业化优势（见表4.8）。

综合来看，有4个产业可以被列为主导产业：汽车制造业，专用设备制造业，石油加工、炼焦和核燃料加工业，农副食品加工业。其中，产值比重相对低的产业为专用设备制造业，最高的为汽车制造业。

（2）主导产业分析。

秦皇岛地处素有中国北方粮仓之称的华北平原和东北三江平原的衔接处，粮源充足、物产丰富，适宜发展农副食品加工产业，农副食品加工业一直是秦皇岛经开区的主导产业，目前区内已经形成中国北方最大的粮油食品加工生产基地，云集了国内外众多食品加工龙头企业①。

除此之外，秦皇岛立足“有中生新”，加快改造提升农副食品加工业的同时，将汽车制造业，专用设备制造业，石油加工、炼焦和核燃料加工业等特色产业发展壮大，使这些产业发展势头强劲，支柱作用显著增强。

汽车制造业也是秦皇岛经开区的主导产业之一。凭借地处环渤海地区汽车产业群的中心地带，秦皇岛经开区在汽车制造业方面开辟大市场，许多世界著名汽车企业集团纷纷在区内落户，根据不完全统计，环渤海地区整车产量占了中国汽车整车产量的近1/2。与此同时，经开区内汽车零部件生产企业发展欣欣向荣。汽车制造业为秦皇岛经开区带来了巨大的经济效益。2014年，秦皇岛经开区汽车制造业总产值为148.4亿元，较2013年增长了1.07%，在区内现代制造业中占比最多。汽车制造业已经成为秦皇岛经开区中最具潜力的主导产业②。

专用设备制造业与汽车制造业相辅相成，也是秦皇岛经开区的支柱产业之一。近几年来，秦皇岛经开区大力推进交通运输设备、电子信息及光电一体化设备、专用成套设备等企业转型升级，已形成一定规模的产业集群。

2015年，秦皇岛经开区石油加工、炼焦和核燃料加工业总产值为52.04亿元，占工业总产值的7.56%。作为秦皇岛经开区的支柱产业之一，石油加工、炼焦和核燃料加工业发展势头良好。

4.2.4.2 廊坊国家级经开区主导产业分析

廊坊经开区汇聚了来自全球30多个国家和地区的1 500多家企业，是廊坊市先进制造业最密集、新兴产业发展最快的重点区域，先后被批准为“中国青年科技创新活动示范基地”“国家火炬计划廊坊信息产业基地”“国家高新技术服务产业基地”“全国模范劳动关系和谐工业经开区”“河北省服务

① 秦皇岛经济技术经开区招商局，http：//www.qetdz.com.cn/home12/Content/editor/cid/072412/id/99868.html.

② 秦皇岛经济技术开发区地方志编纂委员会. 中国：秦皇岛经济技术开发区年鉴［M］.北京：方志出版社，2015.

外包示范区”，国家级“廊坊出口加工区”。

从图4.36可以看出，除进出口总额外，2010—2015年，廊坊经开区主要经济指标总体上保持平稳增长，反映出区域经济发展状况良好。从地区生产总值看，2010—2015年，廊坊经开区地区生产总值呈持续增长趋势，2010年为195.25亿元，2015年为363.23亿元，增长了167.98亿元，年平均增长率为13.22%，充分发挥了经开区经济发展引领作用。从工业总产值看，2010—2015年，廊坊经开区工业总产值呈稳步增长趋势，且后两年增长幅度较大，2010年为425.22亿元，2015年为556.64亿元，年平均增长率为5.53%，而2015年同比增长达到了12.87%，可见工业发展态势良好。

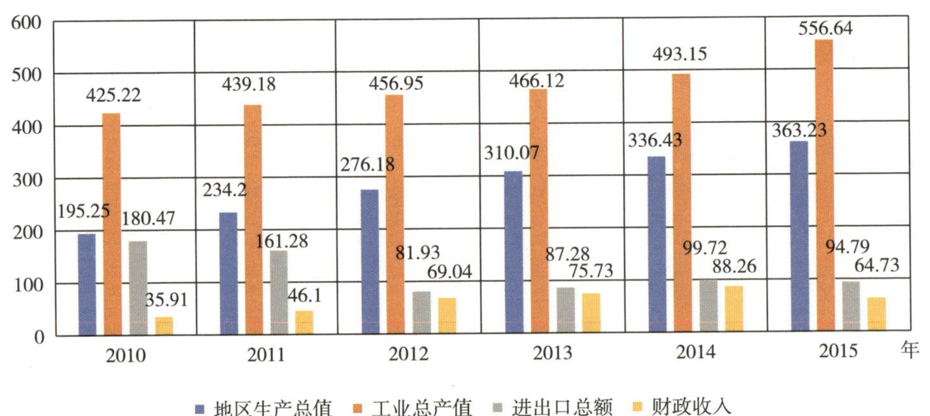

图4.36 2010—2015年廊坊经开区主要经济指标（亿元）

数据来源：搜数网，http://www.soshoo.com.cn/index.do；廊坊市政府信息公开平台，http://zfxxgk.lf.gov.cn/index.do?templet=index.

从进出口总额看，2010—2015年，进出口总额先从高位快速下降然后基本保持稳定，具体来说是先从2010年的180.47亿元降为2012年的81.93亿元，之后2012—2014年持续稳定小幅度增长，2015年又略微下降。在此期间，受宏观经济影响，虽然进出口总额下降，但外贸发展质量效益有所改善。

廊坊经开区发展态势良好，已经为当地带来了很大的经济效益。财政收入从2010年的35.91亿元增加到2014年的88.26亿元，之后2015年出现了一定的回落，降至64.73亿元，五年来年平均增长率为12.51%。

面对京津冀协同发展的重大历史机遇，作为离首都最近的河北省经开区，廊坊经开区充分发挥邻近京津和产业的优势，积极参与京津冀生产力布局调整和产业链重构，汇聚了大批战略性新兴产业，促进产业转型升级和经济效益提升。经过多年的发展，廊坊经开区形成了电子信息产业、机械制造产业、新能源产业、现代服务业四大主导产业。其中，电子信息产业主要包括数据通信设备制造，数字移动通信网络设备制造，消费电子、汽车电子、医疗电子产品制造，新型电子元器件制造，软件开发生产、测试及服务等。机械设备制造业主要包括汽车和摩托车总成及零部件关键技术开发制造、作业类专用车辆生产、数控机床及关键零部件制造、精密仪器开发及制造、各类专用设备制造等。新能源产业包括，清洁能源发电设备制造、节能产品技术开发和制造、绿色照明产品技术开发及制造。现代服务业主要包括：企业总部、研发中心、服务外包、现代物流及金融服务等[①]。

由主要工业产业产值分布图（见图4.37）可以看出，2015年，廊坊经开区产值主要集中在几个重点产业，分别为汽车制造业、化学原料和化学制品制造业、通用设备制造业、食品制造业、专用设备制造业，对应的产值分别为61.39亿元、52.03亿元、42.11亿元、40.14亿元、31.26亿元。

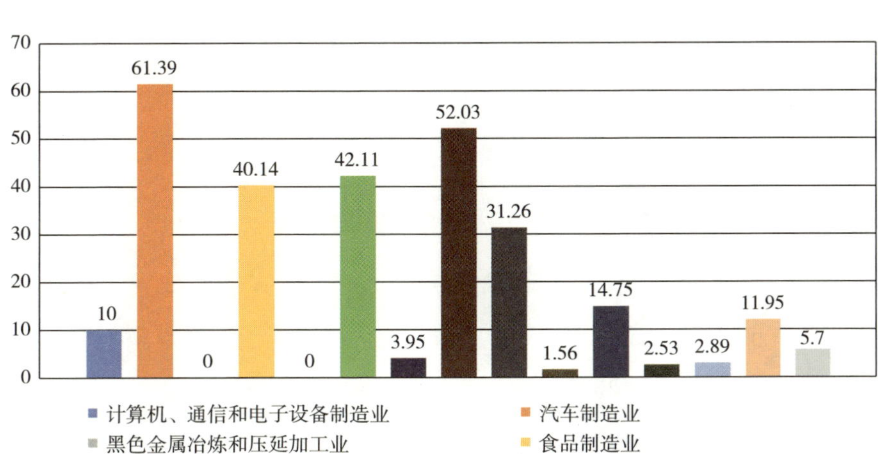

图4.37　2015年廊坊经开区主要工业产业产值分布（亿元）

① 廊坊经济技术开发区管理委员会，http：//www.lfdz.gov.cn/lf2/web/CN/index.jsp

按照区域配置系数的高低，廊坊经开区区域配置系数前五强的产业分别为：汽车制造业、化学原料和化学制品制造业、通用设备制造业、食品制造业、专用设备制造业。这五个产业的总产值占经开区工业总产值的比重为40.77%。按照区位熵排名前五的产业分别为：化学原料和化学制品制造业、橡胶和塑料制品业、通用设备制造业、专用设备制造业、食品制造业。产值占比为31.89%，低于区域配置系数前五强产业的工业总产值占比。总体来看，同时入选区域配置系数前五和区位熵前五的产业共有四个，分别是化学原料和化学制品制造业、通用设备制造业、专用设备制造业、食品制造业（见表4.9）。这说明，无论是从产业增加值贡献度看，还是从产业专业化程度看，上述产业在廊坊经开区工业体系中都具有重要地位。

表4.9　2015年廊坊经开区各产业区域配置系数与区位熵

产业门类	区域配置系数(%)	区位熵
汽车制造业	11.03	0.81
化学原料和化学制品制造业	9.35	2.34
通用设备制造业	7.57	1.70
食品制造业	7.21	1.10
专用设备制造业	5.62	1.57
金属制品业	2.65	1.04
橡胶和塑料制品业	2.15	1.83
计算机、通信和电子设备制造业	1.80	0.10
非金属矿物制品业	1.02	0.93
电气机械和器材制造业	0.71	0.17
有色金属冶炼和压延加工业	0.52	0.41
农副食品加工业	0.45	0.36
石油加工、炼焦和核燃料加工业	0.28	0.10
黑色金属冶炼和压延加工业	0.00	0.00
医药制造业	0.00	0.00

根据主导产业的判定条件，廊坊经开区有六个产业可以视为主导产业，分别是化学原料和化学制品制造业、通用设备制造业、食品制造业、专用设备制造业、金属制品业、橡胶和塑料制品业。其中产值占比最高的是化学原料和化学制品制造业，最低的是橡胶和塑料制品业，分别占9.35%和2.15%，

主导产业间相对比较平衡。需要注意的是，汽车制造业区域配置系数最高，达到11.03%，但其区位熵仅为0.81，也就是说，对比其他国家级经开区，该产业不具备专业化优势，故而在本书中未将其视为主导产业。

4.2.4.3 石家庄国家级经开区主导产业分析

2014—2015年，石家庄经开区的各项经济指标除进出口总额外均保持了平稳增长。2014年实现工业产值1 030亿元，进入“千亿元经开区”行列，2015年再接再厉实现了1 233亿元的工业总产值，较2014年增长17.9%。2015年经开区地区生产总值为220.61亿元，较2014年增长6.51%。从财政收入方面看，石家庄经开区发展进入平稳阶段，2015年财政收入为5.91亿元，仅比2014年增加0.28亿元，增长速度放缓。与此同时，从经开区出口总额看，由于受整体经济形势的影响，2014—2015年，出口总额呈现下降趋势，2014年出口总额为5.5亿元，2015年出口总额下降为0.83亿元，同比减少84.93%[①]。

从图4.38可以看出，2015年经开区各产业产值中医药制造业在呈现一枝独秀的状态，成为带动工业增长的主要力量，不过也能看出，石家庄经开区的产业类型较为单一，虽然还有农副食品加工业、通用设备制造业等产业的存在，但创造的价值远不能与医药制造业相提并论。

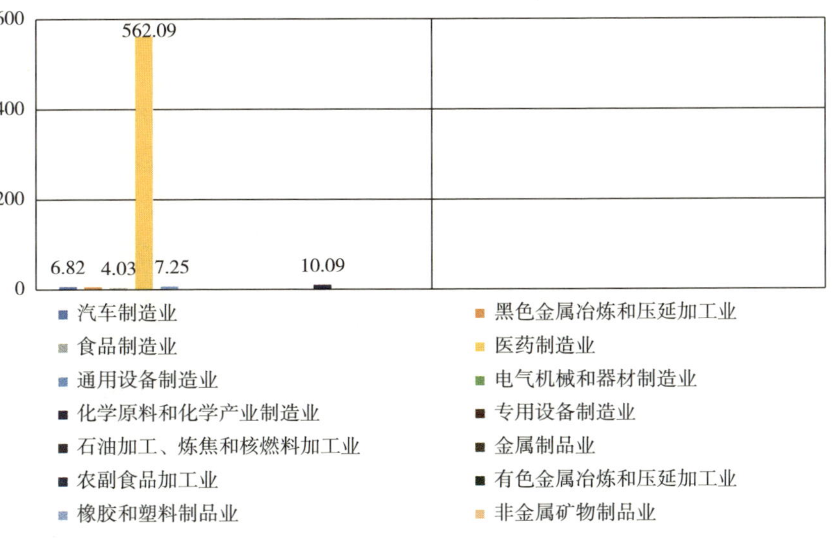

图4.38 2015年石家庄经开区各产业产值（亿元）

① 搜数网，http：//www.soshoo.com.cn/index.do.

区域配置系数和区位熵（见表4.10）也显示了2015年石家庄经开区主要工业的发展情况。根据判定条件，仅有1个产业即医药制造业可以被列为主导产业，其产值贡献占工业总产值的55.05%，同时区位熵高达11.494 6。

表4.10 2015年石家庄经开区各产业区域配置系数与区位熵

产业门类	区域配置系数(%)	区位熵
医药制造业	55.05	11.49
农副食品加工业	0.99	1.01
通用设备制造业	0.71	0.21
计算机、通信和电子设备制造业	0.69	0.05
汽车制造业	0.67	0.06
黑色金属冶炼和压延加工业	0.52	0.10
食品制造业	0.00	0.08

医药制造业既是石家庄经开区的主导产业，更是优势产业。截至2015年，经开区内生物医药企业已入驻企业79家，2014年实现产值385亿元，占全区工业总产值的37.8%，同时经开区生物医药产业人力资源储备充足，拥有丰富的临床资源和教育资源，形成创新能力较强的产业集群。经开区主动对接“中国制造2025”“互联网+”等战略，加快向“优势产业国际化、新兴产业规模化、传统产业高端化、生产制造智能化、创新创业常态化”的目标迈进。在此背景下，经开区通过引导企业加大科技投入、调整产品结构、强化品牌战略等举措，形成了一批市场潜力大、发展前景好、盈利能力强、经济附加值高的优势品种，全区原料药比重大幅下降，成品药主营业务收入由2010年的35.7%提升到86.2%，医药制造业有了长足的发展①。

4.2.4.4 曹妃甸国家级经开区主导产业分析

曹妃甸经开区聚焦实体经济，注重利用外资。2016年唐山市外资到位的78个项目中有54个项目聚集曹妃甸经开区，曹妃甸经开区总投资2.1亿美元的中建国际PPP工程项目，实现了唐山市PPP项目利用外资大突破②。2017年1—7月份，共签约项目227 个，总投资2 255.7 亿元，以港口优势促进对外贸易增长，

① 中国商务新闻网，http：//news.comnews.cn/roll/20170928/4382.html

② 韩冬，君君.2016年唐山实际利用外资居全省首位［N］.唐山劳动日报，2017-01-10：001.

全区出口累计完成29.26 亿元，累计出口总值增长58.42%[①]。

按照区域配置系数，黑色金属冶炼和压延加工业，石油加工、炼焦和核燃料加工业和通用设备制造业处于前三名，按区位熵的高低，黑色金属冶炼和压延加工业，石油加工、炼焦和核燃料加工业和非金属矿物制品业位于前三强，同时入选区域配置系数前三和区位熵前三的产业共有两个，即黑色金属冶炼和压延加工业与石油加工、炼焦和核燃料加工业（见表4.11）。表明无论是从产业增加值贡献度看，还是从产业专业化程度看，这两大产业在唐山曹妃甸经开区工业体系中的地位都是举足轻重的。

表4.11　2015年曹妃甸经开区各产业区域配置系数与区位熵

产业门类	区域配置系数(%)	区位熵
黑色金属冶炼和压延加工业	287.16	10.91
石油加工、炼焦和核燃料加工业	58.79	5.62
通用设备制造业	3.42	0.21
非金属矿物制品业	2.05	0.51
金属制品业	0.84	0.09
化学原料和化学产业制造业	0.12	0.01
电气机械和器材制造业	0.11	0.01

曹妃甸经开区的黑色金属冶炼和压延加工业在全国处于较为领先的地位。2014年，黑色金属冶炼和压延工业在唐山曹妃甸经开区产值中占比高达82%，石油加工、炼焦和核燃料加工业占比17%。

曹妃甸经开区与沧州临港经开区、天津经开区和秦皇岛经开区共同形成了以黑色金属冶炼和压延工业，化学原料和化学产业制造业，石油加工、炼焦和核燃料加工业等为核心的重化工业滨海发展带。2014年，四个经开区重化工业产值2 177.61亿元，占京津冀13个国家级经开区重化工业总产值（2 674.32亿元）的81.43%。

4.2.4.5　沧州临港国家级经开区产业发展概况

沧州临港经开区拥有以石油化工产业、装备制造产业、电力能源产业、现代物流产业等为主导产业的现代产业发展体系，已建成及正在建设的项目

① 王成果.曹妃甸经济技术开发区对接京津硕果累累 临港产业加速聚集［N］.河北日报，2017-09-28.

达到80多个，总投资600多亿元，是拉动冀中南发展的核心动力区和产业聚集区，国家循环化改造示范试点经开区、国家级新兴工业化产业示范基地、华北地区最大的聚氨酯生产基地。

“十三五”期间，临港经开区在调整和优化产业结构的同时，以现有的产业链条为依托，坚持做大做强石油化工、煤化工、盐化工、精细化工等主导产业。同时，还以相关战略性新兴产业为主线，规划发展石油化工经开区、聚氨酯产业经开区、生物医药经开区、新型涂料工业经开区、现代石化物流经开区、高端装备制造经开区、新能源产业园和科创经开区等八大“区中园”。

从表4.12中的区域配置系数可以看到黑色金属冶炼和压延加工业，石油加工、炼焦和核燃料加工业以及化学原料和化学产业制造业名位例前三位，表明这些产业类别在沧州临港经开区具有明显优势。其中，产值比重最低的产业为专用设备制造业，最高的为黑色金属冶炼和压延加工业。

表4.12 2015年沧州临港经开区各产业区域配置系数与区位熵

产业门类	区域配置系数(%)	区位熵
黑色金属冶炼和压延加工业	45.26	6.31
石油加工、炼焦和核燃料加工业	31.06	10.90
化学原料和化学产业制造业	14.37	3.59
非金属矿物制品业	0.82	0.75
专用设备制造业	0.52	0.15
计算机、通信和电子设备制造业	0.00	0.00
汽车制造业	0.00	0.00
食品制造业	0.00	0.00
医药制造业	0.00	0.00
通用设备制造业	0.00	0.00
电气机械和器材制造业	0.00	0.00
金属制品业	0.00	0.00
农副食品加工业	0.00	0.00
有色金属冶炼和压延加工业	0.00	0.00
橡胶和塑料制品业	0.00	0.00

根据区域配置系数和区位熵（见表4.12），黑色金属冶炼和压延加工业，石油加工、炼焦和核燃料加工业，化学原料和化学产业制造业，非金属矿物制品业四大产业稳居2015年河北省沧州临港经济技术开发区产业前四名，其产值占工业总产值的比重为91.51%。无论是从产业增加值贡献度看，还是从产业专业化程度看，上述产业在河北省沧州临港经开区工业体系中的地位都是举足轻重的。

2015年，沧州临港经开区超过90%的项目投资投向黑色金属冶炼和压延加工业，石油加工、炼焦和核燃料加工业以及化学原料和化学产业制造业等主导产业。三大产业实现产值547.42亿元，其中，黑色金属冶炼和压延加工业完成产值273.21亿元，石油加工、炼焦和核燃料加工业完成产值187.47亿元，化学原料和化学产业制造业完成产值86.74亿元。

4.2.4.6 邯郸国家级经开区主导产业发展

邯郸经开区拥有国家火炬计划邯郸新材料基地、国家高新技术创业服务中心、国家科技兴贸新材料创新基地、国家级大学生科技创业见习基地等四个国家级发展平台，省级海外留学人员创业园、省级知识产权优势培育区、省级知识产权展示交易中心等三个省级发展平台。经开区实施“工业立区、创新驱动、产城互动”三大战略，旨在把经开区打造成为科技创新示范区。

2013年，邯郸经开区地区生产总值为3 061.5亿元， 2016年地区生产总值达到3 337.1亿元。2013年第二产业的增加值为1 273.6亿元，2016年达到1 576.4亿元，同比增长5.1%。其中第二产业产值比重最大，增速贡献最多的是钢铁、电力和纺织服装行业。钢铁下游的装备制造业增长较快，高附加值钢铁产品产量保持较快增长。三次产业中增速最快的是第三产业。总体看，从2013年到2016年，邯郸经开区的各项经济指标都保持了平稳增长。邯郸经开区转型升级效果显著，高精尖产业推动经济增长，轻工业实现产值增速快，高耗能产业占总产值的比重明显下降。

按照区域配置系数的高低和产值大小（见图4.39），电气机械和器材制造业、专用设备制造业、化学原料和化学产业制造业、金属制品业、非金属矿物制品业处于前五名，其产值占工业总产值的比重为42.94%。按照区位熵的高低，电气机械和器材制造业、专用设备制造业、化学原料和化学产业制造业、金属制品业、非金属矿物制品业位于前六强。总体看，同时入选区域配置系数前五和区位熵前五的产业为上述五个产业（见表4.13）。

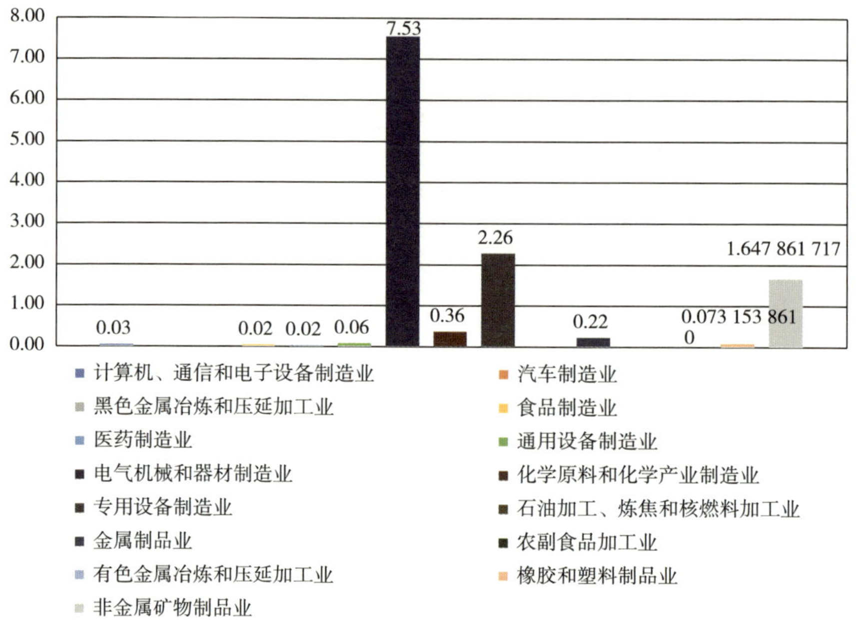

图4.39　2015年邯郸经开区各产业产值（亿元）

表4.13　2015年邯郸经开区各产业区域配置系数与区位熵

产业门类	区域配置系数(%)	区位熵
电气机械和器材制造业	31.08	7.53
专用设备制造业	8.06	2.26
非金属矿物制品业	1.81	1.65
化学原料和化学产业制造业	1.43	0.36
金属制品业	0.55	0.22

4.3　经开区主导产业比较分析

综合上述分析，各经开区主导产业分布如表4.14所示。

表4.14 京津冀国家级经开区主导产业列表

省（直辖市）	经开区	主导产业1	主导产业2	主导产业3	主导产业4
北京	北京经开区	电子信息	汽车制造	装备制造	生物医药
天津	天津经开区	计算机、通信和电子设备制造	汽车制造业	通用设备制造业	化学原料和化学产业制造业
	西青经开区	计算机、通信和电子设备制造	汽车制造业	黑色金属冶炼和压延加工业	金属制品业
	武清经开区	食品制造业	通用设备制造业	非金属矿物制品业	
	北辰经开区	电气机械和器材制造业	专用设备制造业	医药制造业	通用设备制造业
	东丽经开区	汽车制造业	专用设备制造业	金属制品业	电气机械和器材制造业
	子牙经开区	专用设备制造业	电气机械和器材制造业	—	—
河北	秦皇岛经开区	汽车制造业	专用设备制造业	石油加工、炼焦和核燃料加工业	农副食品加工业
	廊坊经开区	化学原料和化学制品制造业	通用设备制造业	专用设备制造业	食品制造业
	曹妃甸经开区	黑色金属冶炼和压延加工业	石油加工、炼焦和核燃料加工业	—	—
	沧州临港经开区	黑色金属冶炼和压延加工业	石油加工、炼焦和核燃料加工业	化学原料和化学产业制造业	非金属矿物制品
	石家庄经开区	医药制造业	—	—	—
	邯郸经开区	电气机械和器材制造业	专用设备制造业	化学原料和化学产业制造业	金属制品业

北京经开区的发展倾向于以高新技术为主导的现代制造业，尤其是通信设备、计算机及其他电子设备制造业和交通运输设备制造业；天津工业体系完备，工业在经济发展中具有举足轻重的地位，工业发展特点是以通信设备、计算机及其他电子设备制造业等高新技术型工业和石油、化工、冶金等重化工业并重；河北发展最突出的是黑色金属矿采选业、石油和天然气开采业、煤炭开采和洗选业等能源原材料开采业，以及黑色金属冶炼及压延加工业等重化工业和农副食品加工业、饮料制造业等农产品加工工业。

相对于北京、河北两地，天津产业集群在制造业方面拥有突出的竞争优势。近年来，天津依靠其港口城市优越条件以及倾斜政策带动发展了一批具有较高专业化水平的产业集群，包括航空航天、新能源、生物制药、石油化工、汽车、新材料、电子信息、冶金、机械装备制造等领域。其中，天津经开区汽车产业示范基地、天津滨海新区石油化工产业示范基地、滨海高新区软件和信息服务产业基地、子牙循环经济产业区资源综合利用基地等8个产业基地已经建设成为国家新型工业化产业示范基地。天津在京津冀产业协同发展中可承担创新成果转化以及高端制造业发展的任务。

河北省产业发展相对滞后，产业布局以劳动密集型产业为主，形成畜牧、蔬菜、水果三大农业支柱产业，钢铁、装备制造、石油化工、食品、医药、建材、纺织服装七大工业主导产业和电子信息、现代物流、旅游三大新兴支柱产业。相对于京津两地，河北省产业集群起步晚、规模小、技术落后，但是随着京津冀协同发展战略的不断推进以及京津产业的转移，河北省内的各类产业集群正在发展壮大。

5 京津冀经开区产业发展差异分析

- 产业差异的测度指标
- 京津冀经开区产业差异度分析
- 天津市经开区产业结构差异度分析
- 河北省经开区产业结构差异分析

区域间的产业协同发展，不仅要考虑产业发展水平的协同，也要考虑产业结构的协同。要实现区域内各地产业的协同发展，就要发挥区域内各地区的优势并进行有效的互补，实现区域内地区间产业的联动发展。产业结构的协同不是同构，需要有差异，当然这种差异需要基于发挥各自产业优势、有利于产业间的联动发展。本章将在第4章主导产业分析的基础上，对京津冀经开区产业差异进行分析，以便从产业差异的角度看产业协同发展过程的问题。

5.1 产业差异的测度指标

5.1.1 产业分工指数

产业分工指数是反映区域经济一体化水平的重要指标。我们用产业分工指数衡量地区间产业差异化水平，区域产业分工指数越高，表明产业差异化越大；反之，区域产业分工指数越低，表明产业差异化程度越低。虽然区域产业分工指数的高低不能准确评价区域间的协同化水平，但是却可以反映出区域间产业结构的差异与同构水平。

其测度公式为：

$$D_{jk} = \sum_{i=1}^{n} \left| \frac{q_{ij}}{q_j} - \frac{q_{ik}}{q_k} \right|$$

其中：D_{jk}表示第 j；k两个地区的产业分工指数（$0<D_{jk}<2$）；i表示第i个产业；j，k 表示第 j，k个地区；q_j，q_k分别表示第 j和第k个地区的工业总产值；q_{ij}，q_{ik}分别表示第 j和第k个地区，第i个产业的产值。D_{jk}的取值越大，表明 j，k两地产业差异化程度越高，产业同构化程度越低；反之，表明 j，k两地产业差异化程度越低，产业同构化程度越高。

5.1.2 产业结构层次系数

产业结构层次系数反映了三次产业结构比重的变化区间，是反映产业结构高级化的重要指标。产业结构高级化是产业不断由低级向高级转化的过程，同时表现为生产率水平的增进。假定某产业在区域经济中的比重为$q(j)$，将地区内 n个产业由高层次到低层次依次排列，则产业结构层次系数表示为：

$$w = \sum_{i=1}^{n} \sum_{j=1}^{i} q(j)$$

其中，w值越大，产业结构层次系数就越大，表明该地区产业结构的高级化水平越高。

5.2 京津冀经开区产业差异度分析

改革开放以来，京津冀三地经济快速增长，三地产业发展各有侧重。一直以来，北京作为全国的政治、经济、文化中心，已经呈现出后工业化阶段的特征，第三产业比重远超全国46.1%的平均水平，其集中度高、竞争力强、发展速度快，区位熵高达1.7，随着北京“四个中心”功能建设的推进，后工业化特征将更为明显。天津处于工业化后期，第二、第三产业结构，区位熵发展相当，目前天津正着力发展第三产业，努力向服务经济迈进，但第二产业仍具规模和竞争力。河北省作为京津冀产业欠发达地区，正处于工业化中期，目前仍以发展农业为基础、工业为重心，第三产业发展缓慢，低于全国平均水平。

5.2.1 京津冀产业同构现象不突出

京津冀产业从高端程度和现代程度都呈现明显的梯度差，同构现象虽然不很严重，但又自成体系，缺乏有效的产业联动，这为京津冀产业链接与整合提供了条件，同时也存在很大的困扰。

5.2.1.1 京津冀三地三次产业结构差异明显

首先，从产业结构看，北京是“三、二、一”，三产占据优势地位，二产比重明显呈下降趋势；天津呈“二、三、一”结构，仍以二产为主，其比重始终保持在50%以上；河北的产业结构是“二、三、一”，二产占有绝对优势，但一产的比重要是北京的十几倍，是天津的近10倍。北京二产的增加值略小于天津，但三产的增加值为天津的3倍左右。

5.2.1.2 三地产业自成体系，没有形成产业链的区域布局

北京产业主要以中关村的科技研发、高端制造、现代服务（金融街、CBD）和大型央企总部为主，北京科技创新成果主要在苏州、深圳和上海落地转化，在河北与天津转化的比重不高，导致无法形成产业链区域内的优化

布局；天津产业主要是依托其港口优势大量吸引外资制造业，主要项目来自外资和中央，依赖本区域内的很少；河北产业主要是按照自身资源禀赋发展起来的，主要是要素密集型产业和资源密集型产业，突出体现在重化工业方面，如钢铁、水泥等及劳动力密集型产业。京津冀三地产业自成体系，协同发展水平不高。天津凭借其区位优势和国家赋予的政策优势，如天津港、滨海新区的先行先试、自由贸易区等，实现了众多外资大项目和国家级大项目的落地，但这些项目很重要的特点是产业链短、不需要区域配套，无法实现产业链的区域内布局，因而对自身的其他产业和地区的带动作用有限。与京津相比，河北相对处于劣势地位，依照自身的资源发展产业，发展了独立于京津的产业体系，如重化工业（钢铁、水泥等）和初级制造加工业。京津冀协同发展就是发挥地区的优势，拓宽未来的发展视野，思考如何利用区域内其他省市的资源与优势发展自己的产业，京津冀最终的发展目标应该是构建一个“和而不同”的区域发展大格局。

京津冀三地产业呈现明显的梯度差，产业同构不突出，呈现错位发展格局，但自成体系现象突出。北京已经形成以高端制造和高新技术为基础的现代产业体系，并初步呈现出现代化国际大都市工业的特征。天津优势产业主要集中在第二产业上，尤其是在现代制造业，天津现有优势既来源于技术，又在不同程度上来源于资源和成本，正逐步向现代产业体系构建方向大步迈进。河北优势产业主要集中在第一产业上，在服务京津的现代都市农业方面具有优势，河北工业的优势主要依赖于其丰富的资源和较低的生产要素成本，总体呈现以资源密集型和劳动密集型等传统产业为主的特点。

5.2.1.3 经开区产业结构层次年度变化不大

从主要产业分析中可以看到，在经开区产业行业分布方面，北京经开区、天津经开区、西青经开区以计算机、通信和电子设备制造业为主，其在各经开区产业占比较大。武清经开区以食品制造业为主，其在该地区整个产业中的占比很高，与其他行业有明显的差距。北辰经开区和邯郸经开区以电气机械和器材制造业为主，其在各地区整个产业中的占比分别为1/3和1/4强。天津子牙经开区产业较少，主要包括专用设备制造业、电气机械和器材制造业、有色金属冶炼和压延加工业，其中专用设备制造业占比最高，达到60%左右。秦皇岛经开区、廊坊经开区、东丽经开区以汽车制造业为主。石家庄经开区医药制造业在整个产业中占绝对优势，与其他产业有着十分明显的差距，这说明该经开区的建设主要是为了促进石家庄医疗行业的发展。另外沧州临港经开区、唐山曹妃甸经开区的主导产业为黑色金属冶炼和压延加工业，产业占比也非常高。经过测算，京津冀经开区产业结构层次系数如表5.1和图5.1所示。

表5.1 京津冀经济技术开发区产业结构层次系数

排名	经济技术开发区	综合指数得分
1	邯郸经开区	2.566 075
2	廊坊经开区	2.438 483
3	东丽经开区	2.394 201
4	北京经开区	2.361 336
5	唐山曹妃甸经开发区	2.360 000
6	秦皇岛经开区	2.299 782
7	天津经开区	2.255 015
8	武清经开区	2.217 292
9	北辰经开区	2.137 737
10	西青经开区	2.106 261
11	天津子牙经开区	2.086 433
12	石家庄经开区	2.020 398
13	沧州临港经开区	2.000 000

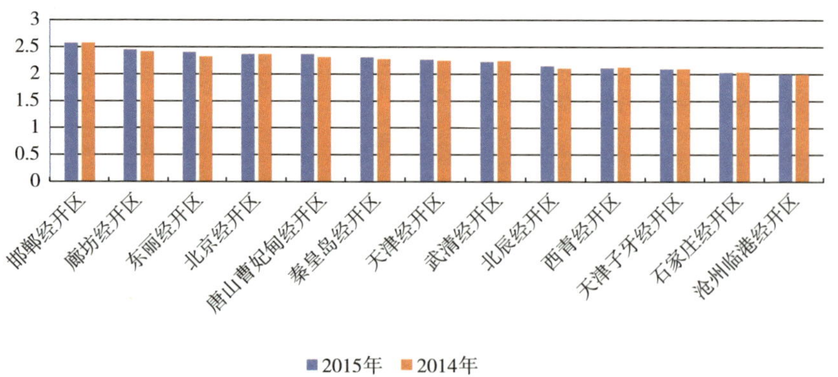

图5.1 京津冀经开区产业结构层次系数

从产业结构层次系数看，2015年京津冀各经济技术开发区产业结构层次系数和2014年基本持平，说明2015年各经开区产业结构高级化水平与2014年相比基本没有变化。从2015年产业结构层次系数看，北京经济技术开发区产业结构层次系数为2.361 336，居于京津冀13个经济技术开发区中的第四位，邯郸经济技术开发区的产业结构层次系数为2.566 075，居于河北省6个经开区中的第一位，同时也居于综合排名的第一位，说明邯郸经济技术开发区产业结构高级化水平最高。天津经济技术开发区产业结构层次系数为2.255 015，居于天津市六个经开区中的第一位。另外，沧州临港经济技术开发区产业结构层次系数最低。

5.2.2 京津冀经开区总体产业分工差异度分析

5.2.2.1 北京—天津国家级经开区产业分工差异度分析

从表5.2可以看出，在京津之间，产业分工指数中排名前五的产业主要包括：计算机、通信和电子设备制造业，汽车制造业，医药制造业，食品制造业，黑色金属冶炼和压延加工业。排名前五的各产业其分工指数的最低值是0.057（即黑色金属冶炼和压延加工业）。其中，产业分工指数值在0.1以上的产业集中在计算机、通信和电子设备制造业，汽车制造业这两个产业。总体来看北京和天津的产业同构化程度相对较高，差异化程度较低。

表5.2 北京—天津经开区产业分工指数

产业门类	产业分工指数
计算机、通信和电子设备制造业	0.145 329 106
汽车制造业	0.109 524 08
医药制造业	0.093 642 094
食品制造业	0.058 865 436
黑色金属冶炼和压延加工业	0.057 047 308
电气机械和器材制造业	0.031 431 064
金属制品业	0.023 445 261
化学原料和化学产业制造业	0.0211 087 63
石油加工、炼焦和核燃料加工业	0.018 437 576
专用设备制造业	0.016 841 939
有色金属冶炼和压延加工业	0.016 207 077

续表

产业门类	产业分工指数
橡胶和塑料制品业	0.011 066 576
非金属矿物制品业	0.010 715 441
农副食品加工业	0.008 568 026
通用设备制造业	0.005 918 813
北京—天津产业分工指数	0.628 148 559

5.2.2.2 北京—河北国家级经开区产业分工差异度分析

在京冀之间，产业分工指数排名前五（见表5.3）的产业主要包括计算机、通信和电子设备制造业，汽车制造业，黑色金属冶炼和压延加工业，石油加工、炼焦和核燃料加工业，医药制造业。排名前五的产业分工指数的最低值是0.042（即医药制造业）。其中，产业分工指数值在0.1以上的产业集中在计算机、通信和电子设备制造业，汽车制造业，黑色金属冶炼和压延工业这三个产业。

表5.3 北京—河北产业分工指数

产业门类	产业分工指数
计算机、通信和电子设备制造业	0.316 514 047
汽车制造业	0.182 492 049
黑色金属冶炼和压延加工业	0.176 939 166
石油加工、炼焦和核燃料加工业	0.086 388 098
医药制造业	0.042 448 028
电气机械和器材制造业	0.040 301 714
通用设备制造业	0.036 532 092
农副食品加工业	0.034 576 613
化学原料和化学产业制造业	0.029 764 005
专用设备制造业	0.021 087 699
非金属矿物制品业	0.010 988 946
有色金属冶炼和压延加工业	0.007 634 511
食品制造业	0.004 049 204
橡胶和塑料制品业	0.001 871 919
金属制品业	0.000 515 005
北京—河北产业分工指数	0.992 103 095

5.2.2.3 天津—河北国家级经开区产业分工差异度分析

津冀两地产业分工指数为0.751 4（见表5.4），产业分工指数排名前五的产业主要包括：计算机、通信和电子设备制造业，医药制造业，黑色金属冶炼和压延加工业，汽车制造业，石油加工、炼焦和核燃料加工业。其中，计算机、通信和电子设备制造业，医药制造业，黑色金属冶炼和压延加工业的企业分工指数大于0.1，相对于其他产业指数较大。排名前五的产业分工指数的最低值是0.067 95（即石油加工、炼焦和核燃料加工业）。

表5.4 天津—河北产业分工指数

产业门类	产业分工指数
计算机、通信和电子设备制造业	0.171 184 941
医药制造业	0.136 090 122
黑色金属冶炼和压延加工业	0.119 891 858
汽车制造业	0.072 967 969
石油加工、炼焦和核燃料加工业	0.067 950 522
食品制造业	0.062 914 641
通用设备制造业	0.030 613 279
农副食品加工业	0.026 008 587
金属制品业	0.023 960 265
橡胶和塑料制品业	0.009 194 658
电气机械和器材制造业	0.008 870 65
化学原料和化学产业制造业	0.008 655 242
有色金属冶炼和压延加工业	0.008 572 566
专用设备制造业	0.004 245 761
非金属矿物制品业	0.000 273 505
天津—河北产业分工指数	0.751 394 566

对比表5.2—表5.4可以发现，在京津、京冀、津冀区际产业分工指数排名前五的产业中，有四个产业是共同的，即计算机、通信和电子设备制造业，医药制造业，黑色金属冶炼和压延加工业，汽车制造业。表明三地在上述四个产业领域分工指数良好，具有良好的产业协同发展前景。就产业分工指数排名前五的指数值而言，2015年，最高的是京冀计算机、通信和

电子设备制造业，产业分工指数值为0.316 5，最低的是京冀医药制造业的产业分工指数值为（0.042 4），这在某种程度上表明京冀经开区产业分工呈现较为明显的两极分化趋势，京津两地与津冀两地经开区产业相对较为集中。

5.3 天津市经开区产业结构差异度分析

5.3.1 天津经开区与其他经开区的主导产业分工状况

从经开区的产业分工指数可以看到，在天津市6家国家级经开区中，天津经开区与北辰经开区和武清经开区的产业分工指数较高，分别为1.069 5和1.071 4；与西青经开区的产业分工指数最低，仅为0.434 2；与子牙经开区和东丽经开区的产业分工指数呈中等水平（见图5.2）。

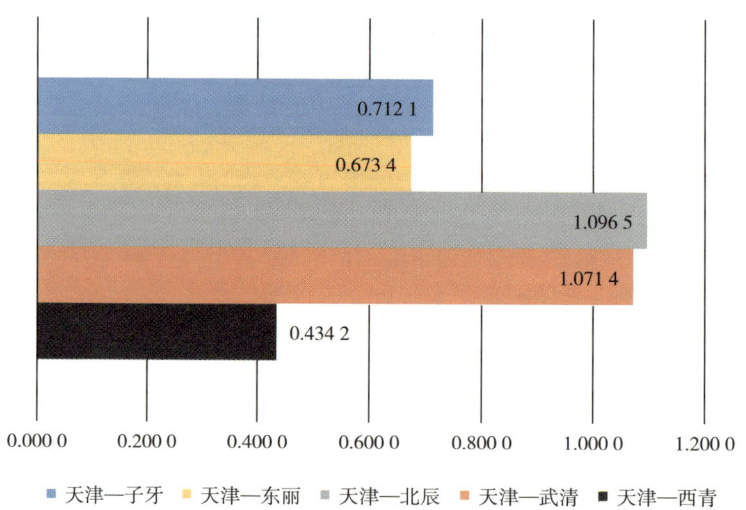

图5.2 2015年天津经开区与其他国家级经开区的产业分工指数

为进一步分析天津经开区主导产业与其他经开区的产业分工状况，笔者计算了前文分析的天津经开区的4个主导产业：计算机、通信和电子设备制造业，汽车制造业，通用设备制造业，化学原料和化学产品制造业与其他经开区的这4个产业的产业分工指数，结果如表5.5所示。

表5.5 天津经开区主导产业与其他经开区的产业分工指数

产业	天津 西青	天津 武清	天津 北辰	天津 东丽	天津 子牙
计算机、通信和电子设备制造业	0.0733	0.1779	0.2111	0.1483	0.2137
汽车制造业	0.0002	0.1258	0.1185	0.1547	0.1525
通用设备制造业	0.0195	0.0094	0.0408	0.0234	0.0493
化学原料和化学产业制造业	0.0152	0.0416	0.0324	0.0246	0.0501

从表5.5可以看出，天津经开区与武清、北辰、东丽、子牙经开区，在计算机、通信和电子设备制造业，汽车制造业的产业分工指数均大于0.1，说明天津经开区与武清、北辰、东丽、子牙经开区之间在计算机、通信和电子设备制造业，汽车制造业两个产业上分工指数良好。相对的在通用设备制造业、化学原料和化学产业制造业上，天津经开区与其他五个经开区的产业分工指数均小于0.1，表明天津经开区与这些经开区在通用设备制造业、化学原料和化学产业制造业上分工优度不高，产业差异度小。

5.3.2 武清经开区与其他经开区主导产业分工状况分析

武清经开区与西青、北辰、东丽、天津经开区产业分工指数较高，均大于1；与子牙经开区的产业分工指数为0.827 8（见图5.3），相对看来，武清经开区与其他经开区的产业分工指数均呈较高水平。

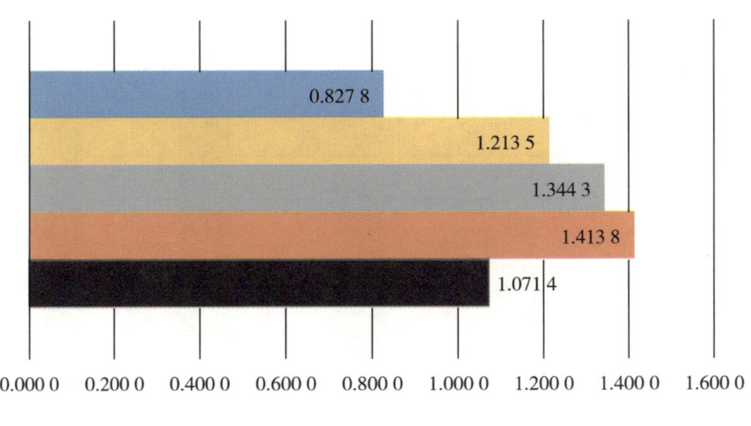

图5.3 2015年武清经开区与其他国家级经开区的产业分工指数

为进一步分析武清经开区主导产业与其他经开区的产业分工状况，笔者计算了前文分析出的武清经开区的三个主导产业食品制造业、通用设备制造业、非金属制品业与其他经开区的这三个产业的产业分工指数，结果见表5.6。

表5.6 武清经开区主导产业与其他经开区的产业分工指数

产业	武清 天津	武清 西青	武清 北辰	武清 东丽	武清 子牙
食品制造业	0.574 6	0.615 1	0.595 1	0.602 6	0.617 1
通用设备制造业	0.009 4	0.028 9	0.031 4	0.032 7	0.058 7
非金属矿物制品业	0.009 6	0.020 2	0.011 4	0.020 0	0.023 0
化学原料和化学产业制造业	0.0152	0.0416	0.0324	0.0246	0.0501

从表5.6可以看出，武清经开区与天津、西青、北辰、东丽、子牙五家经开区在食品制造业上的产业分工指数很高，均大于0.5；相对的，在通用设备制造业和非金属矿物制品业两个武清经开区的主导产业上产业分工指数偏低。

5.3.3 西青经开区与其他经开区产业分工状况分析

西青经开区与其他五个经开区的产业分工指数从高到低排序为武清、北辰、子牙、东丽、天津。产业分工指数在五对经开区分布差异较大，最高的西青与武清经开区为1.41，最低的西青与天津经开区为0.43（见图5.4）。

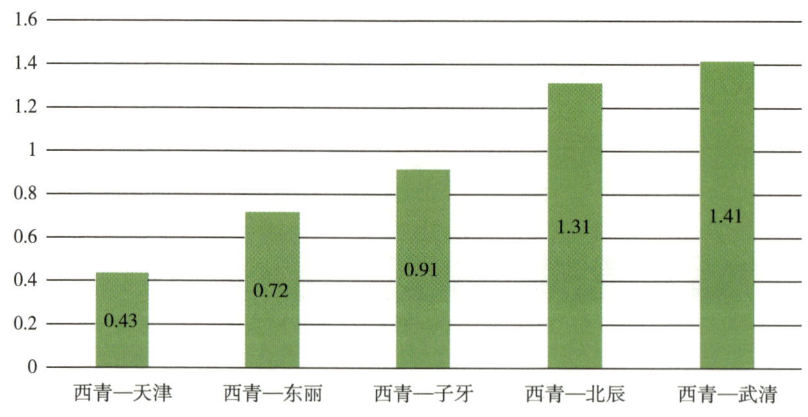

图5.4 西青经开区与其他经开区产业分工指数

西青经开区六大主导产业分别与天津、武清、北辰、东丽、子牙经开区相应产业分工指数见表5.7。

表5.7 西青经开区主导产业与其他经开区的产业分工指数

产业	西青 天津	西青 武清	西青 北辰	西青 东丽	西青 子牙
计算机、通信和电子设备制造业	0.073 3	0.251 2	0.284 4	0.221 6	0.287 0
黑色金属冶炼和压延加工业	0.102 9	0.147 0	0.142 7	0.155 3	0.155 3
汽车制造业	0.000 2	0.126 0	0.118 8	0.154 5	0.152 8
金属制品业	0.094 0	0.101 4	0.094 7	0.029 6	0.114 3
专用设备制造业	0.021 2	0.033 9	0.166 5	0.056 8	0.034 9
橡胶和塑料制品业	0.011 7	0.013 6	0.016 5	0.012 5	0.023 4

在黑色金属冶炼和压延加工业上，西青经开区与其他五个经开区分工指数都大于0.1；从计算机、通信和电子设备制造业与汽车制造业来说，西青经开区除了与天津经开区的分工指数小于0.1外，与其他四个经开区的分工指数都大于0.1；在金属制品业上，西青经开区只与武清和子牙经开区的产业分工指数大于0.1，与其他三个经开区的产业分工指数都小于0.1；在专用设备制造业上，西青经开区除了与北辰经开区的分工指数大于0.1外，与其他四个经开区的产业分工指数都小于0.1；而在橡胶和塑料制品业上，西青经开区与其他五个经开区的产业分工指数均小于0.1。

5.3.4 北辰经开区与其他经开区产业分工状况分析

北辰经开区产业分工指数在经开区两两比较时反映出的分布较为均匀，差异较小，整体水平较高，最高的北辰与武清经开区为1.34，最低的北辰与子牙经开区为0.89。北辰经开区六大主导产业分别与天津、西青、武清、东丽、子牙经开区相应产业分工指数见图5.5、表5.8。

在电气机械和器材制造业、专用设备制造业两个产业上，北辰经开区与其他五个经开区的分工指数都大于0.1；在医药制造业、通用设备制造业、橡胶和塑料制品业、有色金属冶炼和压延加工业四个产业上，北辰经开区与其他五个经开区的分工指数均小于0.1。

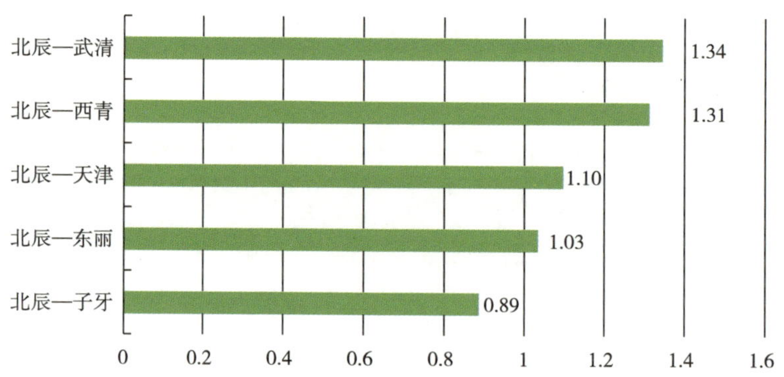

图5.5 北辰经开区与其他经开区产业分工指数

表5.8 北辰经开区主导产业与其他经开区相应产业分工指数

产业	北辰 天津	北辰 西青	北辰 武清	北辰 东丽	北辰 子牙
电气机械和器材制造业	0.296 3	0.289 0	0.312 2	0.271 5	0.313 3
专用设备制造业	0.187 7	0.166 5	0.200 4	0.109 8	0.201 4
医药制造业	0.071 5	0.064 6	0.080 8	0.087 3	0.093 5
通用设备制造业	0.040 8	0.060 3	0.031 4	0.064 2	0.090 1
橡胶和塑料制品业	0.028 2	0.016 5	0.030 1	0.029 0	0.039 9
有色金属冶炼和压延加工业	0.010 3	0.016 3	0.018 6	0.028 0	0.026 8

5.3.5 东丽经开区与其他经开区产业分工状况分析

东丽经开区与其他五个经开区的产业分工指数从高到低排序为武清、北辰、西青、子牙、天津。东丽与武清、北辰经开区之间的产业分工指数较高且比较相近，分别为1.21和1.03；与西青、子牙、天津经开区之间的产业分工指数分布较为均匀，差异较小，分别为0.72，0.68，0.67（见图5.6）。

东丽经开区四大主导产业分别与天津、西青、武清、北辰、子牙经开区相应产业分工指数见表5.9。

在汽车制造业上，东丽经开区与其他五个经开区的分工指数都大于0.1；在专用设备制造业、电气机械和器材制造业两个产业上，东丽经开区除了与北辰经开区的分工指数大于0.1外，与其他四个经开区的分工指数都小于0.1；而在金属制品业上，东丽经开区与其他五个经开区的分工指数都小于0.1。

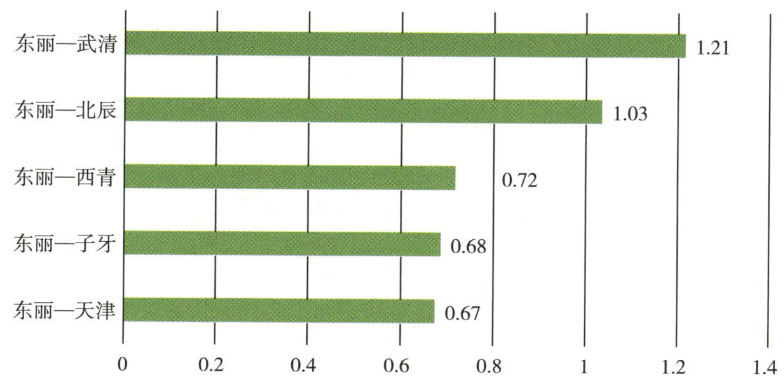

图5.6 东丽经开区与其他经开区产业分工指数

表5.9 东丽经开区主导产业与其他经开区相应产业分工指数

产业	东丽—天津	东丽—西青	东丽—武清	东丽—北辰	东丽—子牙
汽车制造业	0.154 7	0.154 5	0.280 5	0.273 2	0.307 2
专用设备制造业	0.078 0	0.056 8	0.090 6	0.109 8	0.091 6
金属制品业	0.064 5	0.029 6	0.071 8	0.065 2	0.084 7
电气机械和器材制造业	0.024 8	0.017 5	0.040 7	0.271 5	0.041 8

5.3.6 子牙经开区与其他经开区产业分工状况分析

子牙经开区与其他五个经开区的产业分工指数从高到低排序为西青、北辰、武清、天津、东丽。产业分工指数在五对经开区之间分布较为均匀，差异较小，整体水平较低，最高的子牙与武清经开区为0.91，最低的子牙与东丽经开区为0.68（见图5.7）。

子牙经开区的三个现代制造业产业分别与天津、西青、武清、北辰、东丽经开区相应产业分工指数见表5.10。

在专业设备制造业与电气机械和器材制造业两个产业上，子牙经开区除了与北辰经开区的分工指数大于0.1外，与其他四个经开区的分工指数都小于0.1；在有色金属冶炼和压延加工业上，子牙经开区与其他五个经开区的分工指数均小于0.1。

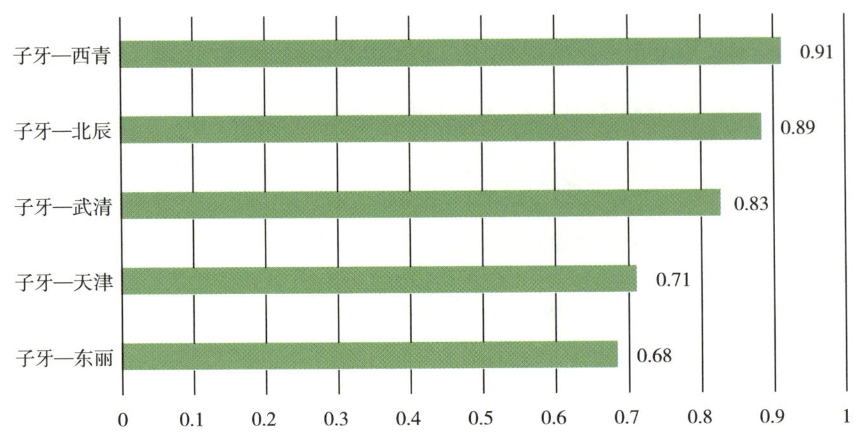

图5.7　子牙经开区与其他经开区产业分工指数

表5.10　子牙经开区主导产业与其他经开区相应产业分工指数

产业	子牙 天津	子牙 西青	子牙 武清	子牙 北辰	子牙 东丽
专用设备制造业	0.013 6	0.034 9	0.001 0	0.201 4	0.091 6
电气机械和器材制造业	0.017 0	0.024 3	0.001 1	0.313 3	0.041 8
有色金属冶炼和压延加工业	0.016 4	0.010 4	0.008 1	0.026 8	0.001 2

综合以上对各经开区之间的产业分工指数的分析可知，以0.1为界可以将各经开区的主导产业分为分工指数大于0.1和小于0.1两类。天津经开区与其他经开区产业分工指数大于0.1的主导产业主要有计算机、通信和电子设备制造业，汽车制造业；分工指数小于0.1的主导产业为通用设备制造业、化学原料和化学制品加工业。武清经开区的主导产业中与其他经开区产业分工指数大于0.1的产业有食品制造业；小于0.1的产业则为通用设备制造业、非金属矿物制品业。西青经开区与其他经开区分工指数大于0.1的主导产业主要集中在计算机、通信和电子设备制造业，黑色金属冶炼和压延加工业，汽车制造业；分工指数小于0.1的主导产业主要集中在金属制品业、专用设备制造业、橡胶和塑料制品业。北辰经开区与其他经开区分工指数大于0.1的主导产业主要集中在电气机械和器材制造业、专用设备制造业；分工指数小于0.1的主导产业主要集中在医药制造业、通用设备制造业、橡胶和塑料制品业、有色金

属冶炼和压延加工业。东丽经开区与其他经开区分工指数大于0.1的主导产业主要集中在汽车制造业；分工指数小于0.1的主导产业主要集中在专用设备制造业、金属制品业、电气机械和器材制造业。子牙经开区与其他经开区分工指数小于0.1的现代制造业产业集中在专用设备制造业、电气机械和器材制造业、有色金属冶炼和压延加工业。

5.4　河北省经开区产业结构差异分析

5.4.1　廊坊经开区与其他经开区主导产业分工状况分析

在河北省六个国家级经开区中，廊坊经开区与唐山曹妃甸经开区、沧州临港经开区、石家庄经开区的产业分工指数较高，分别为1.422 2，1.204 4，1.305 4；与秦皇岛经开区和邯郸经开区的产业分工指数均约为0.7（见图5.8）。

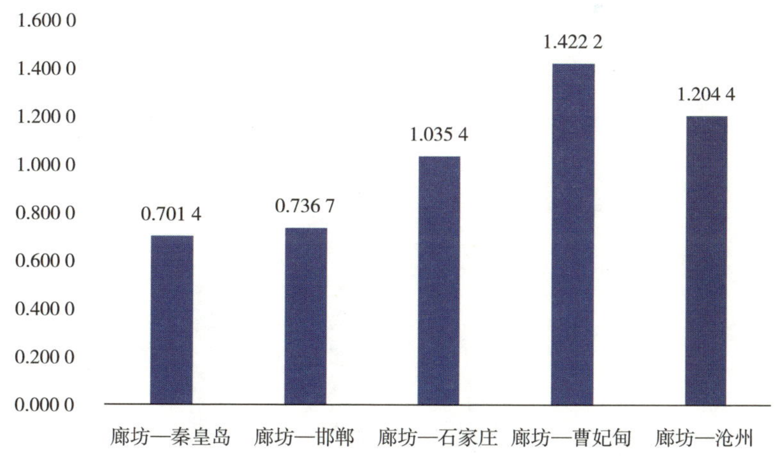

图5.8　廊坊与其他经开区产业分工指数

廊坊经开区的五个主导产业食品制造业、汽车制造业、通用设备制造业、化学原料和化学产品制造业、专用设备制造业、金属制品业、橡胶和塑料制品业与其他经开区的六个产业的分工指数如表5.11所示。

表5.11　廊坊经开区主导产业与其他经开区相应产业分工指数

产业	廊坊 秦皇岛	廊坊 邯郸	廊坊 石家庄	廊坊 曹妃甸	廊坊 沧州
食品制造业	0.027 1	0.070 6	0.068 2	0.072 1	0.072 1
通用设备制造业	0.059 4	0.072 9	0.068 5	0.066 3	0.075 7
化学原料和化学产业制造业	0.049 3	0.079 2	0.093 5	0.093 1	0.050 2
专用设备制造业	0.018 1	0.024 5	0.056 2	0.056 2	0.050 9
金属制品业	0.006 2	0.021 0	0.026 5	0.024 2	0.026 5
橡胶和塑料制品业	0.011 0	0.020 6	0.021 5	0.021 5	0.021 5

廊坊经开区与秦皇岛、邯郸、石家庄、唐山曹妃甸、沧州临港经开区在六个主导产业上的产业分工指数均小于0.1，虽然其中在化学原料和化学产业制造业上，廊坊经开区与石家庄经开区和唐山曹妃甸经开区的产业分工指数偏大，但也没超过0.1。

5.4.2　秦皇岛经开区与其他经开区主导产业分工状况分析

秦皇岛经开区除与廊坊经开区的产业分工指数为0.701 4相对较低外，与邯郸、石家庄、唐山曹妃甸、沧州临港经开区产业分工指数较高，均大于1（见图5.9）。

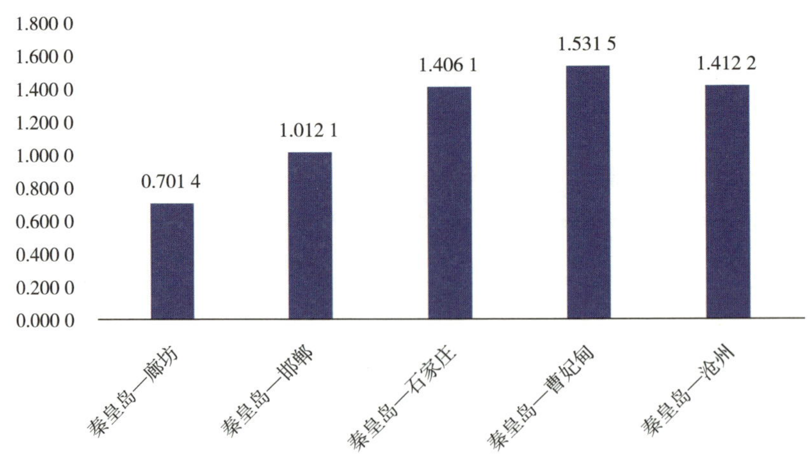

图5.9　秦皇岛与其他经开区产业分工指数

从具体的主导产业层面分析，秦皇岛经开区的四个主导产业：汽车制造业，专用设备制造业，石油加工、炼焦和核燃料加工业，农副食品加工业与其他经开区在四个产业上的分工指数见表5.12。

表5.12 秦皇岛经开区主导产业与其他经开区相应产业分工指数

产业	秦皇岛 廊坊	秦皇岛 邯郸	秦皇岛 石家庄	秦皇岛 曹妃甸	秦皇岛 沧州
汽车制造业	0.105 1	0.215 4	0.208 7	0.215 4	0.215 4
专用设备制造业	0.018 1	0.006 4	0.074 3	0.074 3	0.069 1
石油加工、炼焦和核燃料加工业	0.072 7	0.075 5	0.075 5	0.084 6	0.235 0
农副食品加工业	0.154 2	0.158 8	0.148 9	0.158 8	0.158 8

可以看到，秦皇岛经开区在汽车制造业和农副食品加工业上与廊坊、邯郸、石家庄、唐山曹妃甸、沧州临港五个经开区的产业分工指数均大于0.1，说明秦皇岛经开区在这两个产业上与其他五个经开区的产业分工状况合理，在这一角度上协同有潜力；相比较而言，在专用设备制造业和石油加工、炼焦和核燃料加工业两个产业上秦皇岛经开区与其他经开区的产业分工指数偏低，一定程度上说明在这两个产业上秦皇岛经开区与其他经开区存在同构现象。

5.4.3 邯郸经开区与其他经开区主导产业分工状况分析

在河北省的六个国家级经开区中，邯郸经开区与曹妃甸、沧州临港经开区的产业分工指数较高，均达到了1.3；与廊坊经开区的产业分工指数较低，仅为0.736 7（见图5.10）；与此同时，邯郸经开区与秦皇岛和石家庄经开区的产业分工指数相对于其他经开区来说呈中等水平。

为进一步分析邯郸经开区的主导产业与其他经开区的产业分工状况，笔者计算了邯郸经开区的五个主导产业（电气机械和器材制造业、化学原料和化学产业制造业、专用设备制造业、金属制品业和非金属制品业）与其他经开区五个产业的产业分工指数，结果如表5.13所示。

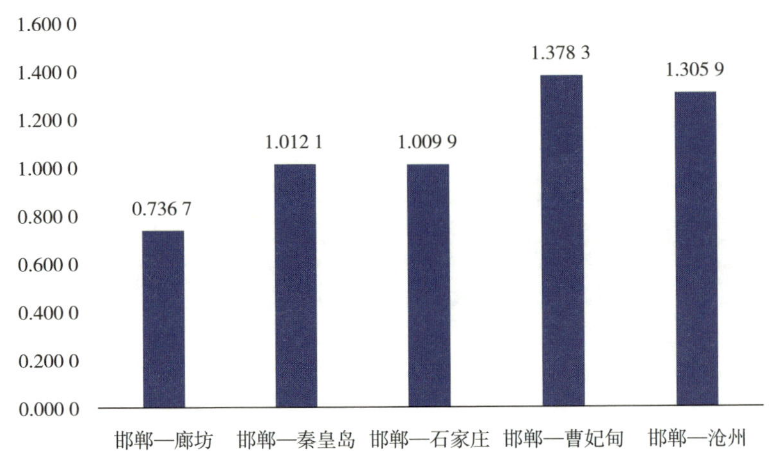

图5.10 邯郸与其他经开区产业分工指数

表5.13 邯郸经开区主导产业与其他经开区相应产业分工指数

产业	邯郸廊坊	邯郸秦皇岛	邯郸石家庄	邯郸曹妃甸	邯郸沧州
电气机械和器材制造业	0.303 8	0.270 7	0.310 9	0.310 6	0.310 9
化学原料和化学产业制造业	0.079 2	0.029 9	0.014 3	0.013 9	0.129 4
专用设备制造业	0.024 5	0.006 4	0.080 7	0.080 7	0.075 4
金属制品业	0.021 0	0.014 8	0.005 5	0.003 2	0.005 5
非金属矿物制品业	0.007 9	0.020 6	0.018 1	0.012 5	0.009 9

邯郸经开区在电气机械和器材制造业上与廊坊、秦皇岛、石家庄、唐山曹妃甸、沧州临港五个经开区的产业分工指数均大于0.1，从指数水平看属于合理水平。此外，在化学原料和化学产业制造业方面，邯郸经开区与沧州临港经开区的产业分工指数为0.1294；相比较而言在专用设备制造业、金属制品业和非金属矿物制品业三个产业上邯郸经开区与其他经开区的产业分工指数偏低，一定程度上说明在三个产业上与其他经开区存在着同构现象。

5.4.4 石家庄经开区与其他经开区产业分工状况分析

石家庄经开区与其他五个经开区的产业分工指数从高到低排序为：曹妃甸、沧州、秦皇岛、廊坊、邯郸。其中，石家庄与曹妃甸、沧州、秦皇岛经开区之间的产业分工指数水平较高，分别为1.53，1.50，1.41；与廊坊、邯郸经开区之间的产业分工指数比较相近，且水平相对低一些，分别为1.04和1.01（见图5.11）。

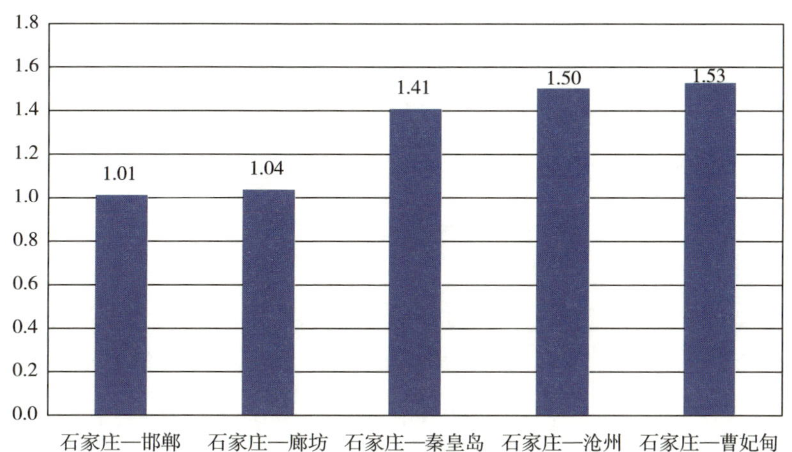

图5.11　石家庄与其他经开区产业分工指数

从主导产业看，石家庄经开区主导产业分别与廊坊、秦皇岛、邯郸、曹妃甸、沧州经开区相应产业的分工指数见表5.14。

表5.14　石家庄经开区主导产业与其他经开区相应产业分工指数

产业	石家庄 廊坊	石家庄 秦皇岛	石家庄 邯郸	石家庄 曹妃甸	石家庄 沧州
医药制造业	0.550 5	0.548 8	0.549 6	0.550 5	0.550 5

由表5.14中数据可以看到，在医药制造业上，石家庄经开区与其他五个经开区的分工指数都远大于0.1。

5.4.5　曹妃甸经开区与其他经开区产业分工状况分析

曹妃甸经开区与其他五个经开区的产业分工指数从高到低排序为：秦皇岛、石家庄、廊坊、邯郸、沧州。其中，与秦皇岛、石家庄、廊坊、邯郸经开区之间的产业分工指数分布较为均匀，差异较小，水平较高，分别为1.53，1.53，1.42，1.38；与沧州经开区之间的产业分工指数较小，为0.64（见图5.12）。

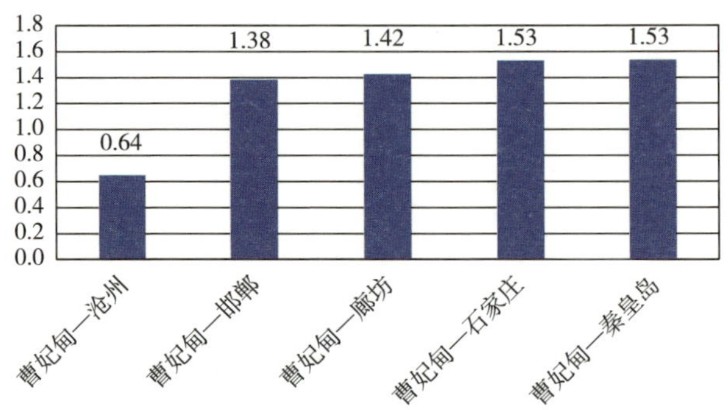

图5.12 曹妃甸与其他经开区产业分工指数

为进一步分析曹妃甸经开区与其他经开区具体产业的分工状况，从曹妃甸经开区与其他经开区产业分工指数的分析结果出发，计算了曹妃甸经开区两大主导产业与廊坊、秦皇岛、邯郸、石家庄、沧州经开区相应产业的分工指数（见表5.15）。

表5.15 曹妃甸经开区主导产业与其他经开区相应产业分工指数

产业	曹妃甸 廊坊	曹妃甸 秦皇岛	曹妃甸 邯郸	曹妃甸 石家庄	曹妃甸 沧州
黑色金属冶炼和压延加工业	0.782 0	0.711 7	0.782 0	0.776 8	0.329 4
石油加工、炼焦和核燃料加工业	0.157 3	0.084 6	0.160 1	0.160 1	0.150 5

从表5.15可以看到，在黑色金属冶炼和压延加工业上，曹妃甸经开区与其他五个经开区的分工指数都远大于0.1；在石油加工、炼焦和核燃料加工业上，曹妃甸经开区除了与秦皇岛经开区的分工指数小于0.1外，与其他四个经开区的分工指数都大于0.1。

5.4.6 沧州经开区与其他经开区产业分工状况分析

沧州经开区与其他五个经开区的产业分工指数从高到低排序为：石家庄、秦皇岛、邯郸、廊坊、曹妃甸。沧州与石家庄、秦皇岛、邯郸、廊坊经开区之间的产业分工指数较高，但差异较小，分别为1.50，1.41，1.31，1.20；曹妃甸与沧州经开区之间的产业分工指数较小，为0.64（见图5.13）。从主导产业看，沧州经开区三大主导产业分别与廊坊、秦皇岛、邯郸、石家庄、曹妃甸经开区相应产业分工指数见表5.16。

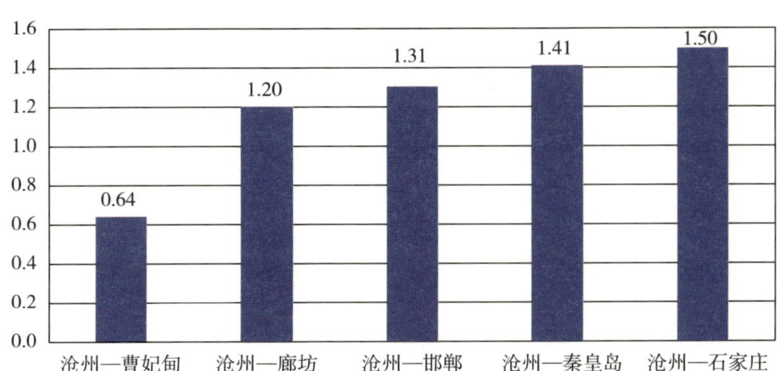

图5.13 沧州经开区与其他经开区产业分工指数

表5.16 沧州临港经开区主导产业与其他经开区相应产业分工指数

产业	沧州 廊坊	沧州 秦皇岛	沧州 邯郸	沧州 石家庄	沧州 曹妃甸
黑色金属冶炼和压延加工业	0.452 6	0.382 3	0.452 6	0.447 4	0.329 4
石油加工、炼焦和核燃料加工业	0.307 8	0.235 0	0.310 6	0.310 6	0.150 5
化学原料和化学产业制造业	0.050 2	0.099 5	0.129 4	0.143 7	0.143 4

在黑色金属冶炼和压延加工业，石油加工、炼焦和核燃料加工业两个产业上，沧州经开区与其他五个经开区的分工指数都大于0.1；而在化学原料和化学产业制造业上，沧州经开区与廊坊、秦皇岛经开区的分工指数小于0.1，与其他三个经开区的分工指数都大于0.1。

综合以上对各经开区之间产业分工指数的分析可知，以0.1为界可以将各经开区的主导产业分为分工指数大于0.1和小于0.1两类。廊坊经开区与其他五个经开区没有产业分工指数大于0.1的主导产业；秦皇岛经开区与其他五个经开区产业分工指数大于0.1的主导产业为汽车制造业和农副食品加工业；邯郸经开区与其他五个经开区产业分工指数大于0.1的主导产业为电气机械和器材制造业；石家庄经开区与其他五个经开区分工指数大于0.1的主导产业集中在医药制造业；曹妃甸经开区与其他经开区分工指数大于0.1的主导产业主要集中在黑色金属冶炼和压延加工业和石油加工、炼焦和核燃料加工业；沧州临港经开区与其他经开区分工指数大于0.1的主导产业主要集中在黑色金属冶炼和压延加工业，石油加工、炼焦和核燃料加工业，化学原料和化学产业制造业。在石家庄、曹妃甸、沧州三个经开区中，没有一个经开区的主导产业分工指数小于0.1。

6 京津冀经开区产业创新发展评价

- 创新发展指标体系与评估方法
- 经开区创新实力评价
- 经开区创新活力评价
- 经开区创新发展综合评价
- 经开区产业协同发展总体评述

党的十八届五中全会提出了“创新、协调、绿色、开放、共享”五大发展理念，其中创新发展在五大发展理念中处于核心地位，是引领发展的第一动力。创新发展并不仅是指产业上的科技创新，还包括理论创新、制度创新、文化创新等方面的创新。理论、制度、文化方面的创新也可以有力地推动地区产业经济的快速发展，催生更多的科技创新成果，使产业发展充满活力。在党的十九大报告中，习近平总书记指出，中国经济已由高速增长阶段转向高质量发展阶段，正处在转变发展方式、优化经济结构、转换增长动力的攻关期，建设现代化经济体系是跨越关口的迫切要求和我国发展的战略目标。

本章在对世界级产业集群、国内外开发区发展的经验借鉴和规律探讨的基础上，从创新活力、创新实力两个方面入手，针对京津冀国家级经济技术开发区的产业创新发展现状进行分析，从创新发展视角对京津冀国家级开发区的协同发展现状进行综合评价。

6.1 创新发展指标体系与评估方法

6.1.1 指标体系构建原则

指标体系的构建需要遵循一定的原则，例如，全面性原则、层次性原则、简明性原则、独立性原则等。本小节针对经开区创新发展的特点，结合指标体系的构建原则对指标选取的具体细节进行阐述。

6.1.1.1 全面性原则

创新发展综合评价，不仅要考虑当前创新的实力，还要考虑创新发展的活力。除了考虑发展的实际水平外，还要考虑成就这种发展所付出的代价，即投入产出的效率——发展到底是集约的，还是粗放的；既要从本地发展的自身情况出发，又要考虑本地与周边地区的互动关系。因此指标体系应从反映创新实力和创新活力两个角度进行设计。在创新实力方面，可以考虑地区生产总值、财政收入、税收收入、境外投资额等指标，这些指标反映了创新发展的基础与动力，即从投入的角度进行考虑；在创新活力方面，可以考虑新增专利数、新增商标注册数、新增企业数，以及发明专利授权量占京津冀总授权量比重等指标，这些指标反映了创新发展的效果，即从产出的角度进行考虑。

6.1.1.2 层次性原则

创新发展指数在其经济意义上是有层次的，不同指标所体现的内涵是不一样的，它们从各自角度诠释了经开区产业发展的创新能力。结合指标选取的全面性原则，本书将指标体系分为创新活力和创新实力两个二级指标，每个二级指标下又涵盖若干测度指标。

6.1.1.3 简明性原则

指标的选取是在反映真实水平的前提下，力求简捷方便，不宜过于复杂。当前，移动互联网、大数据技术、云计算发展迅猛，数字技术与传统经济的创新融合衍生而成的数字经济，已经成为引领当前中国经济发展的新动能。然而，透过现象看本质，数字经济仅是一种新的发展模式，一种新的经济业态，推动社会经济长远增长的根本动力还是在于实体经济的创新发展，在于高端高新制造业的创新发展。我们发现，采用庞大数据方法构建的指标体系测算出的结果与采用一些关键数据测算出的结果，差异不是很大。根据指标遴选简明性原则，每个一级指标下的测度指标控制在3~8个。

6.1.1.4 易获性原则

指标体系设计的一个重要原则是易获性。所有指标数据要易于获取，所以在遴选指标时遵循如下要则：测度指标以“基本指标”为主，如GDP或人均GDP、固定资产投资总额、社会消费品零售总额等；指标选取时考虑到连续性的问题，所以尽量选用各类统计年鉴中的数据，以保证数据在较长时段上的完整性；统计口径尽量保持一致，若数据在国家级的统计年鉴上可以查到，如《中国城市统计年鉴》《中国县域统计年鉴》，就不用省级统计年鉴。若国家级统计年鉴未收录，首选京、津、冀省市级年鉴，若省市级年鉴亦未收录，再选地级城市统计年鉴，以保证变量在样本间比对时数据可靠。

6.1.1.5 独立性原则

根据简明性原则，要尽可能使有限的指标反映更多的、更丰富的与测度相关的信息。在统计学上，各原始指标之间信息“正交”的概率几乎是没有的，但在指标选取时尽量减少指标间信息重复的程度。倘使两个指标所反映的信息有较多重复，则只选其中意义较大者，以控制指标个数。

本节将构建京津冀国家级经开区产业创新发展评价指标体系，运用定量分析方法从创新活力、创新实力两个维度对京津冀国家级经开区的产业发展水平进行测度与综合评价。

6.1.2　指标体系构建

根据6.1.1给出的指标体系构建原则，本节从创新活力、创新实力两个维度构建创新发展指标体系（见表6.1）。衡量创新实力的指标，主要包括地区生产总值、财政收入、税收收入、吸纳境外投资额等。衡量创新活力的指标，主要包括新增专利数、新增商标注册数、发明专利授权量占京津冀的比重、新增企业数量等。

表6.1　京津冀国家级经济技术开发区产业创新发展水平评价指标体系

一级指标（目标层）	二级指标（系统层）	三级指标（指标层）
创新发展	创新实力	地区生产总值（亿元）
		财政收入（亿元）
		税收收入（亿元）
		境外投资额（亿元）
	创新活力	新增专利数（件）
		新增注册商标数（件）
		新增企业数（家）
		发明专利授权量占京津冀总授权量比重（%）

从现有的研究成果看，在综合评价中常用的赋权方法有主观赋权法和客观赋权法。主观赋权法有二元对比排序法、专家评判法、层次分析法等；客观赋权法有主成分分析法、因子分析法、熵值法、变异系数法、复相关系数法、组合权数法等。为了更好地反映经开区产业创新发展现状，本节将首先采用熵值法确定各指标的权重，然后，根据产业创新发展水平再进行专家评判，在此基础上对部分指标进行微调。

熵值法是一种客观赋权方法。1850年，德国物理学家鲁道夫·克劳修斯（R.Clausis）提出熵的概念，后来广泛应用于社会经济、工程技术等各领域。熵值法是利用评价指标的固有信息来判别指标的效用价值，在一定程度上避免了主观因素带来的偏差。其基本原理是：熵是对信息不确定性的一种量度，熵值越小，所蕴含的信息量越大。某个属性下的熵值越小，则说明该属性在决策时的作用越大，此时应赋予较大的权重，这为确定评价指标的权重提供了一定的科学依据。

6.1.2.1 数据标准化处理

由于各项指标的计量单位不统一，因此在用它们计算综合指标之前，需要对它们进行标准化处理，将绝对指标转化为相对指标，从而解决不同质指标的同质化问题。

正向指标：

$$\widetilde{X}_{ij} = \frac{X_{ij} - \min\{X_j\}}{\max\{X_j\} - \min\{X_j\}}$$

负向指标：

$$\widetilde{X}_{ij} = \frac{\max\{X_j\} - X_{ij}}{\max\{X_j\} - \min\{X_j\}}$$

6.1.2.2 计算第i年度第 j项指标值的比重

$$Y_{ij} = \frac{\widetilde{X}_{ij}}{\sum_{i=1}^{m} \widetilde{X}_{ij}}$$

6.1.2.3 计算指标信息熵

$$e_j = -k \sum_{i=1}^{m} (Y_{ij} \times \ln Y_{ij})$$

6.1.2.4 计算信息熵冗余度

$$d_j = 1 - e_j$$

6.1.2.5 计算第i个指标的权重

$$W_i = \frac{d_i}{\sum_{j=1}^{n} d_j}$$

6.1.2.6 计算单指标评价得分

$$S_{ij} = W_i \times \widetilde{X}_{ij}$$

上式中，X_{ij}表示第i个年度第 j项评价指标的数值，$\min\{X_j\}$和 $\max\{X_j\}$分别为所有年度中第j项评价指标的最小值和最大值，$k=\frac{1}{\ln m}$，其中m为评价年数，n为指标数。赋权结果见表6.2。

表6.2　开发区产业发展指数权重分布

二级指标	三级指标	权重
创新实力	地区生产总值（亿元）	0.282 890
	财政收入（亿元）	0.282 907
	税收收入（亿元）	0.282 811
	境外投资额（亿元）	0.151 391
创新活力	新增专利数（件）	0.301 775
	新增注册商标数（件）	0.302 601
	新增企业数（家）	0.210 615
	发明专利授权量占京津冀总授权量比重（%）	0.185 009

数据来源：根据各开发区发展报告、龙信数据计算所得。

从表6.2中可以看到，在创新实力中，地区生产总值、财政收入、税收收入三个指标的权重基本一致，都约等于0.28，说明三者对开发区创新实力的影响大致相当，且影响度较大。而吸纳境外投资额的权重仅为0.15，比另外三个指标的权重要小，说明相对于其他三个指标，境外投资额对经开区创新实力的影响较小。从创新活力看，新增专利数、新增注册数商标的权重约等于0.30，比其他两个指标（新增企业数量、发明专利授权量占京津冀总授权量的比重）权重要高出许多，在一定程度上反映了新增专利数和新增商标注册数能较好地反映产业的创新活力。

6.2　经开区创新实力评价

本节利用6.1给出的指标体系对京津冀12个国家级经开区（武清经开区区由于创新实力方面的数据缺失未做讨论）的创新实力进行评价。从投入产出的角度看，创新发展实力是产业创新发展的基础和动力，在产业创新发展总体评价中居于重要地位。图6.1给出了京津冀国家级经开区的创新发展实力水平。

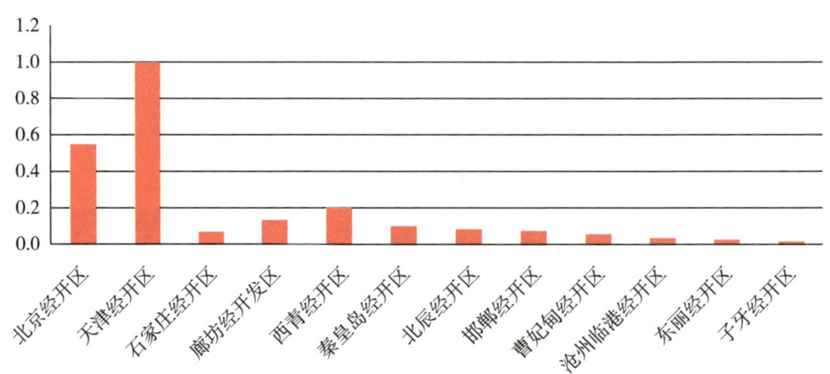

图6.1　2015年京津冀国家级经开区发展实力

从图6.1可以看到，天津经开区创新发展实力指数远高于其他经开区。从图6.1可以看到，天津经开区创新发展实力指数为0.988 9，北京经开区的实力指数为0.552 4；居于第三位的是西青经开区（实力指数为0.202 8）。廊坊经开区在河北省经开区中实力最优，居于综合排名的第四位，河北省的其他经开区均居于中下游水平。创新发展实力表征了经开区的发展规模和发展体量，反映了产业创新发展能够投入的可能性。

具体到三级指标，从图6.2中可以看到，2015年，天津经开区完成的地区生产总值为2 801.01亿元，是居于第二位的北京经开区（997.45亿元）的2.8倍，其他经开区的地区生产总值相对要小很多。

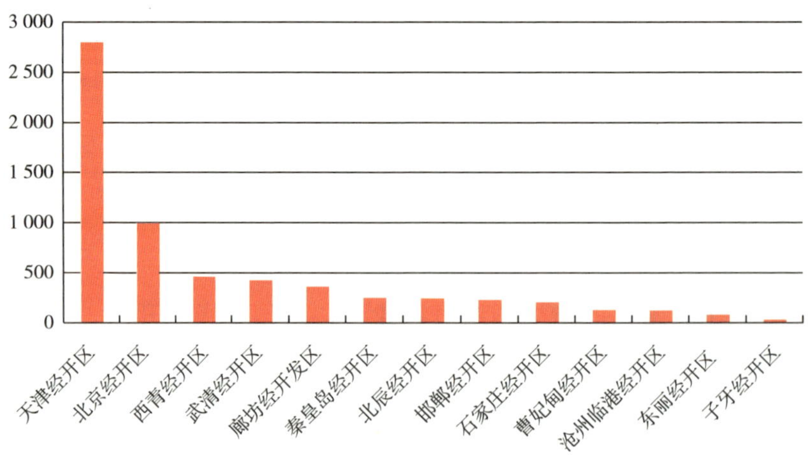

图6.2　2015年京津冀国家级经开区地区生产总值（亿元）

从财政收入看，2015年，天津经开区和北京经开区分别为550.19亿元和455亿元，远高于其他经开区。值得注意的是，与天津经开区相比，北京经开区的地区生产总值存在较大差距，但财政收入却几乎相当，在一定程度上反映了北京经开区的产业增加值率更高，说明北京经开区的产业结构更好一些。武清经开区的财政收入超过了100亿元，廊坊经开区和西青经开区的财政收入都是90亿元左右，河北的曹妃甸等经开区及排在后面的经开区财政收入均低于60亿元（见图6.3）。财政收入的不平衡性在一定程度上反映了经开区产业规模和产业结构的不平衡性。

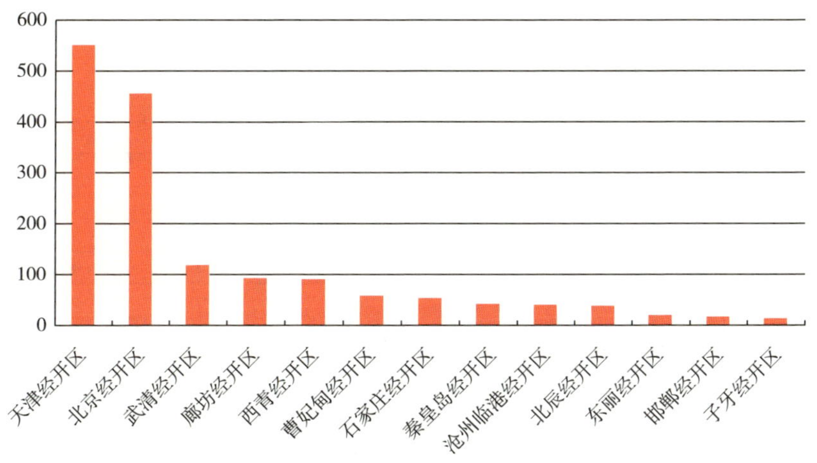

图6.3 2015年京津冀国家级经开区财政收入（亿元）

从税收收入看，其分布状况与财政收入类似（见图6.4）。与其他经开区相比，天津经开区和北京经开区的优势非常明显。值得注意的是，东丽、邯郸和子牙三个经开区的税收收入最少，工业总产值较低。从地域分布看，河北省的六个经开区的税收收入总体较为落后，居于中下游水平，且内部差异较小。

6.3 经开区创新活力评价

本节利用6.1给出的指标体系对京津冀12个国家级经开区（武清经开区由于创新活力方面的数据缺失未做讨论）的创新活力进行评价。图6.5给出了2015年度各经开区的创新活力水平，图6.6给出了2001—2015年各经开区的创新活力的变动趋势。

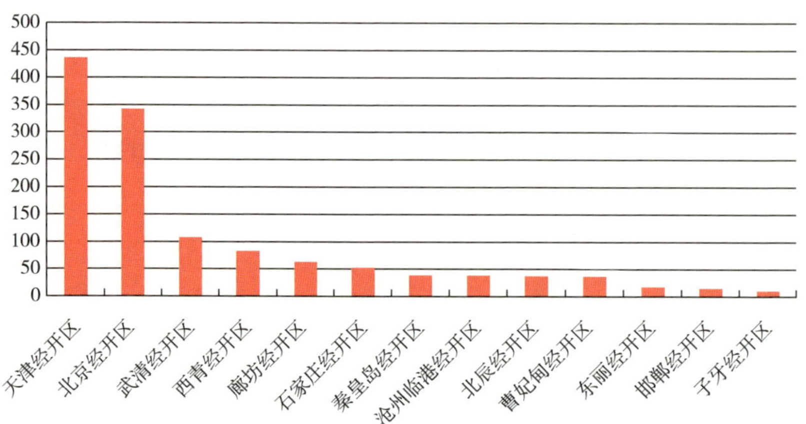

图6.4 2015年京津冀国家级经开区税收收入（亿元）

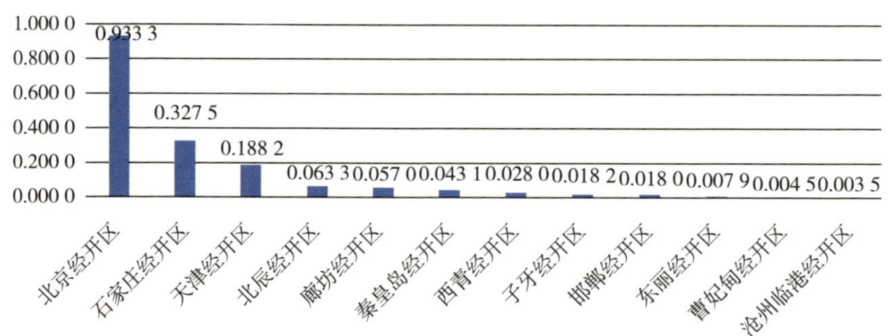

图6.5 2015年京津冀经开区创新活力水平

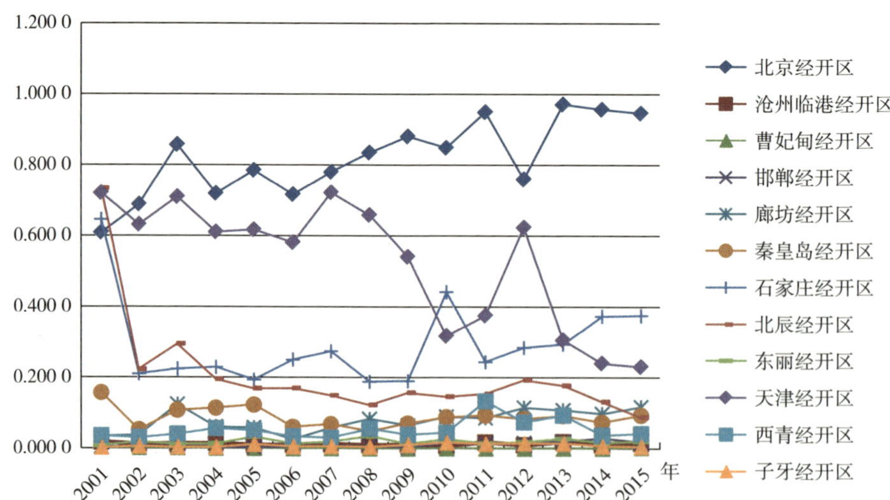

图6.6 2001—2015年京津冀经开区产业创新活力趋势

从图6.5和图6.6中可以看到，从总体水平看，北京经开区、天津经开区、石家庄经开区在创新活力方面具有明显优势，其中北京经开区的创新活力最强。北京经开区的创新活力指数从2001年以来总体呈现上升趋势，2015年达到0.95，在创新活力上表现为一枝独秀。天津经开区在天津市的所有经开区中创新活力最强，但总体呈波动下降趋势。石家庄经开区在河北省的六个经开区中创新活力居于首位，并呈稳步上升态势。值得关注的是，天津北辰经开区的创新活力从2001年以来呈现总体下降趋势，在2001年，北辰经开区的创新活力位于京津冀所有国家级经开区的首位，创新活力指数约为0.7，之后呈波动下降趋势。

具体到三级指标，图6.7给出了2015年京津冀国家级经开区的新增专利数情况。从新增专利数看，2015年北京经开区新增专利3 284件，位于12个国家级经开区的首位；天津经开区新增专利数为1 482件，位于天津市所有经济技术开发区中的第一位；石家庄经开区新增专利数为712件，在河北省所有经济技术开发区中位于首位。但从数量上看，北京、天津、河北三地经开区的新增专利数存在很大差距，北京经开区新增专利数是天津经开区新增专利数的2倍，而石家庄经开区新增专利数只占天津经开区新增专利数的一半。另外邯郸、沧州临港、子牙、曹妃甸经开区新增专利数最少，其中曹妃甸经开区2015年新增专利数仅为1件。这在一定程度上反映了河北省经开区在产业结构优化升级方面还有很长的一段路要走，同时，也从侧面反映了三地开发区的产业创新活力存在较大的不平衡性。

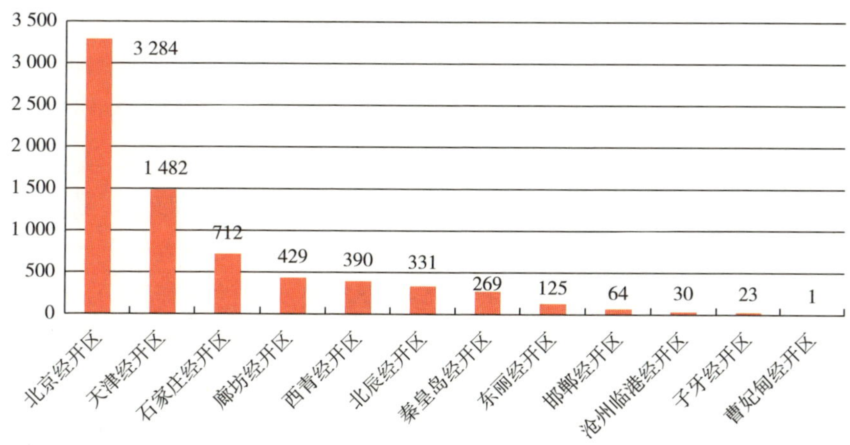

图6.7 2015年京津冀国家级经开区新增专利（件）

图6.8给出了京津冀国家级经开区的新增注册商标数。从图6.8中可以看出，北京经开区的新增注册商标数为5 251个，位于12个国家级经开区中的首位，且与其他经开区相比，存在明显的优势。虽然天津经开区、石家庄经开区的新增注册商标数分别位于天津市、河北省经开区的首位，但跟北京经开区相比，仍存在较大差距。这也在一定程度上反映了三地开发区的产业创新活力存在较大的不平衡、不协调性，同时也说明天津市、河北省的产业创新活力仍具有较大的提升空间。

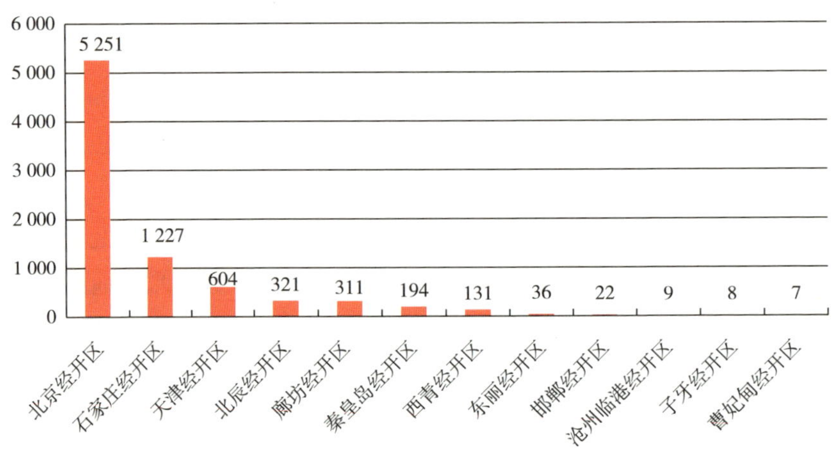

图6.8 2015年京津冀国家级经开区新增注册商标数量（个）

图6.9给出了京津冀三地国家级经开区的新增企业数。从图6.9可以看出，2015年石家庄经开区的新增企业数达到2 618家，位于京津冀12个国家级经开区中的第一位，并且远高于其他经开区。北京经开区的新增企业数为1 161家，居于第二位。天津北辰经开区新增企业数为618家，居于第三位，并且是天津市所有经开区中新增企业数最多的经开区。需要说明的是，新增企业数在一定程度上反映了经开区招商引资的水平，企业发展环境好了，才能吸引更多的企业入驻。但新增企业数并不能完全反映产业的创新活力，比如，新增企业有大有小，在其统计中也包含传统行业，但像北京等开发区已不再接收一些污染程度较高的传统行业，新增企业数未必很多，此外也有经济相对发达的二线城市开发区，为了促进经济发展对企业的补贴力度以及优惠政策力度都比较大，致使一些企业选择留在二线城市。从这个意义上看，新增高

端高新产业的数量能更好地反映经开区产业创新发展的水平，但由于统计口径问题，该指标由于数据不易获取而没有采用。

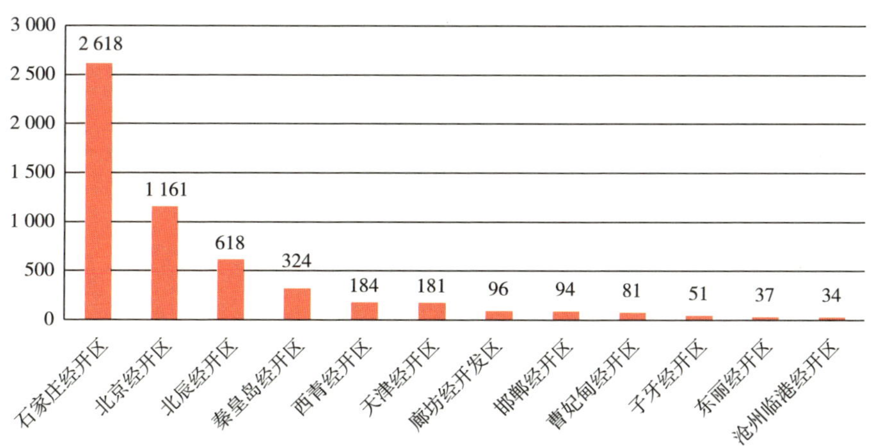

图6.9 2015年京津冀国家级经开区新增企业数量（家）

6.4 经开区创新发展综合评价

根据6.1给出的熵值法，我们从创新实力和创新活力两个角度对京津冀12个国家级经济技术开发区（由于数据缺失，武清经开区未做讨论）2015年的产业创新发展进行综合测评，综合评价结果见表6.3和图6.10。

表6.3 2015年各经开区发展水平指数测度

排名	经开区	创新活力	创新实力	综合指数得分
1	北京经济技术开发区	0.945 3	0.552 4	0.773 5
2	天津经济技术开发区	0.230 1	0.988 9	0.566 7
3	石家庄经济技术开发区	0.374 8	0.072 8	0.242 7
4	廊坊经济技术开发区	0.117 2	0.137 0	0.125 9
5	西青经济技术开发区	0.042 1	0.202 8	0.112 3
6	北辰经济技术开发区	0.093 5	0.103 2	0.097 7
7	秦皇岛经济技术开发区	0.087 8	0.087 0	0.087 4

续表

排名	经开区	创新活力	创新实力	综合指数得分
8	邯郸经济技术开发区	0.018 3	0.077 8	0.044 3
9	唐山曹妃甸经济技术开发区	0.003 0	0.059 3	0.027 6
10	沧州临港经济技术开发区	0.014 6	0.038 4	0.025 0
11	东丽经济技术开发区	0.020 4	0.029 6	0.024 4
12	天津子牙经济技术开发区	0.005 1	0.019 2	0.011 3

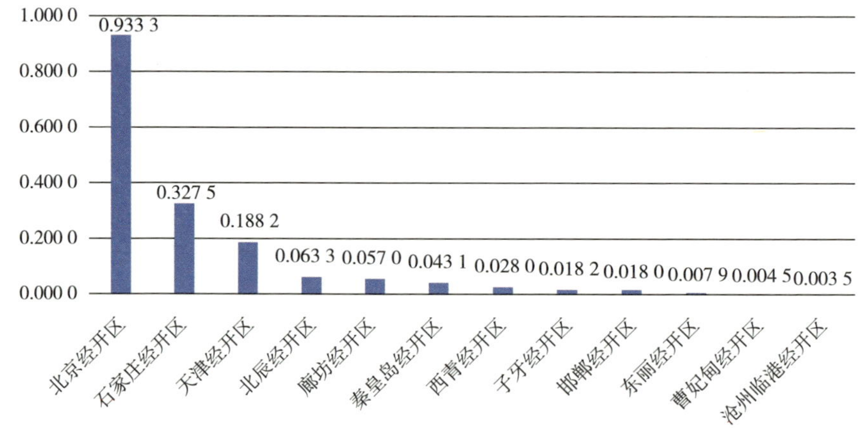

图6.10 2015年京津冀国家级经开区创新发展综合得分

从表6.3和图6.10中可以看到，北京经开区创新发展综合水平最高（0.773 5），天津经开区（0.566 7）和石家庄经开区（0.242 7）分别居于第二位和第三位。东丽经开区（0.024 4）、子牙经开区（0.011 3）创新发展综合水平相对较弱。同时可以看到，天津经开区和石家庄经开区的创新发展综合水平远优于天津市和河北省其他经开区。一定程度上说明在当前阶段，区域中心城市和重要节点城市的综合优势为其开发区带来产业集聚效应是明显存在的。

对经开区创新发展综合水平利用系统聚类法进行分类，可以将12个开发区分为三类。聚类结果如表6.4所示。北京经开区和天津经开区处于第一序列，石家庄经开区处于第二序列，其他经开区处于第三序列。从空间分布看，处于第一、第二序列的三个开发区中有两个集中在京津发展轴上，包括北京经开区和天津经开区。这一定程度上反映了京津发展轴是京津冀区域的经济高地和产业主轴，是具有较强竞争力的产业集聚区，是打造世界级产业集群的重要载体和依托。

表6.4 国家级经济技术开发区聚类分析结果

序列分布	开发区
第一序列（综合指数得分高于0.566 7）	北京经济技术开发区
	天津经济技术开发区
第二序列（综合指数得分为0.242 7）	石家庄经济技术开发区
第三序列（综合指数得分在0.011 3~0.129 5）	廊坊经济技术开发区
	西青经济技术开发区
	北辰经济技术开发区
	秦皇岛经济技术开发区
	邯郸经济技术开发区
	唐山曹妃甸经济技术开发区
	沧州临港经济技术开发区
	东丽经济技术开发区
	天津子牙经济技术开发区

6.5 经开区产业协同发展总体评述

本书的第4至第6章分别从经开区主导产业分布、产业发展差异、创新发展三个视角对京津冀经开区产业协同发展进行了定量分析。总体而言，京津冀国家级经开区的发展均取得了骄人的成绩。三地经开区以2.5%的占地面积，创造了京津冀地区53%的工业总产值，60%的税收收入，65%的出口额，成为京津冀三地先进制造业、战略性新兴产业和现代服务业的集聚区，对外开放、深化改革的桥头堡。

经过多年发展，京津冀国家级经开区已经形成了以提升产业国际竞争力为目标，以产业高端化、智能化、融合化、协同化为发展方向，以电子信息、汽车制造、生物医药等高端制造业为主导的产业发展体系。同时，在发展过程中京津冀三地经开区也逐渐形成了各具特色的优势产业。北京经开区以电子信息、汽车制造、生物医药和装备制造为主导产业；天津经开区以电子信息、汽车制造、食品制造、黑色金属冶炼和压延加工以及通用设备制造为主导产业；河北省经开区则以黑色金属冶炼和压延加工业、生物医药，石油加工、炼焦和核燃料加工业为主导产业。这些主导产业对本地的经济发展产生了较强的带动作用，同时有利于形成区域产业结构体系。

从产业发展层次上看，北京、天津两地的经开区与河北省经开区的产业发展存在较大差异。北京经开区高端高新产业集中度高、竞争力强、发展速度快，已经呈现出后工业化阶段特征。天津工业体系完备，优势明显，处于工业化后期阶段。河北省经开区产业发展则相对滞后，以资源密集型产业为主。但是随着各项产业政策的调整以及资源在三地的配置，河北省的各类产业集群正在发展壮大。

从产业创新发展水平上看，北京经开区、天津经开区、石家庄经开区具有明显优势。其中北京经开区的创新活力最强。2015年北京经开区的创新发展水平综合指数达到0.77，自2000年以来总体呈上升趋势。天津经开区、石家庄经开区紧随北京经开区之后，但是与北京经开区差距明显。这说明北京作为国家科技创新中心，其创新能力优势明显。同时，天津作为直辖市、石家庄作为省会城市其科技研发实力也具有区域优势。随着产业转型升级的不断推进，这种科技创新能力将会进一步推进地区经济发展。但是，从另一个方面看，北京、天津、石家庄在科技创新方面对周边的带动作用不够明显，因此与其他经开区加大了差距。

值得关注的是，当前京津冀国家级经开区的发展仍呈现各自为政、区域整体发展缺乏长远整体规划等问题。面对当前国内外复杂的经济环境与激烈的竞争压力，尤其是当前已经步入数字经济时代，这些问题如果得不到有效解决必将影响京津冀经开区的发展质量与效益，进而阻碍京津冀三地的经济发展。

综合前面分析，当前京津冀三地经开区的发展主要存在三方面问题。

首先，京津冀三地经开区产业自成体系，缺乏有效的产业链区域协同。北京作为国家科技创新中心其科技成果主要在苏州、深圳和上海等地转化，对天津和河北的辐射带动作用不强。天津市经开区依靠其区位优势和国家政策优势实现了众多外资大项目和国家级大项目落地，但是这些项目产业链短，无法实现产业链的区域内布局，对其他产业和地区的带动作用有限。河北省经开区则更多依靠自身资源发展产业，发展出独立于京津的产业体系。在产业发展上，三地经开区更多的是依靠自身的资源禀赋，形成了各自独立的产业体系，缺乏资源的优势互补与产业的相互支撑。

其次，京津冀三地经开区产业发展不平衡，缺乏协同发展的支撑基础。京津冀三地无论是产业结构层次、产业创新实力还是产业创新活力，北京经开区均是一枝独秀，天津市经开区次之，河北省经开区最弱。目前，北京经开区已经形成以高端制造和高新技术为基础的现代产业体系。天津市经开区正逐步向现代产业体系构建方向大步迈进。河北省经开区主要以要素密集型和资源密集型产业为主，发展质量与发展潜力远落后于北京和天津，成为三地经开区协同发展的短板。因此，如何加快河北省经开区产业优化升级，补齐短板，并对北京、天津经开区的发展形成支撑成为当前三地经开区协同发展过程中急需解决的问题。

最后，京津冀三地经开区协同创新机制不够健全，缺乏协同软环境的高质量建设。京津冀三地经开区的协同发展需要土地开发、招商引资、体制机制、企业服务、产业集聚、成果转化、人才培养、财政金融、资源环境等一系列软环境的支持。值得关注的是，2015年7月，京津冀开发区创新发展联盟的成立，标志着京津冀三地经开区产业协同发展有了更好的资源平台。京津冀三地经开区在发展过程中应充分发挥京津冀开发区创新发展联盟的平台优势，加快开发区软环境、硬环境的营造和提升，从顶层设计入手，加快数字基础设施建设，合理规划人、财、物在三地的流动与配置，构建一个着眼长远、覆盖广泛、合作共享、综合开放的协同创新服务体系。

随着京津冀一体化、雄安新区建设等国家级发展战略的稳步推进，京津冀三地经开区将共同承担国家未来发展新动力的重任。只有实现资源在产业内部协同，产业在地区之间协同，在京津冀三地经开区上下一盘棋，才能有效破除当前发展的障碍，不断提升经开区产业发展质量与效益。

7 京津冀经开区产业协同发展的思考

- 创新是京津冀开发区协同发展、转型升级的根本动力
- 构建创新网络服务平台是京津冀协同发展的有力支撑
- 营造、提升产业发展环境是协同发展的重要基础
- 加速科技成果转化是协同发展的重要内容
- 优化产业结构是协同发展的基本保障
- 对接国家区域发展战略是协同发展的必然选择
- 发挥国家级开发区的示范带动作用是协同发展的有效手段
- 探索地方开发区的特色发展模式是协同发展的科学支撑

京津冀协同发展是国家区域发展战略的重点。开发区作为我国对外开放的窗口和重要载体，改革开放的试验田，经济发展的重要引擎，始终站在我国经济创新发展的第一线，承担着中国经济创新发展主阵地的历史责任，40年来为我国经济社会的全面发展和腾飞，做出了无与伦比的贡献，创造了世界工业化、城镇化发展史上的奇迹。

京津冀现有各级各类开发区近300家（其中国家级经开区13家），占地面积约为京津冀地区总面积的2.5%，而工业总产值、税收收入、出口额等则分别占到整个地区的53%，60%，65%。京津冀开发区已成为京津冀先进制造业、战略性新兴产业和现代服务业的重要集聚区。

探索京津冀开发区协同发展的有效路径，充分发挥国家级开发区的引领带动作用，做好地方开发区特色协调发展是我们共同面临的课题。本章将在京津冀协同发展的总体背景下，结合开发区的发展定位、历史使命、现实需求和发展现状对京津冀开发区产业协同发展路径进行探讨。

7.1 创新是京津冀开发区协同发展、转型升级的根本动力

7.1.1 开发区是改革开放、创新发展的重大成果

1978年，邓小平同志在题为《解放思想，实事求是，团结一致向前看》的著名讲话中指出，要允许一部分地区、一部分企业、一部分工人农民，由于辛勤努力成绩大而收入先多一些，生活先好起来。这篇讲话不仅为即将召开的党的十一届三中全会确立了指导方针，也为中国经济特区、开放地区、开发区等的设立和发展提供了依据。

1978年10月9日，交通部党组上报了一份“关于充分利用香港招商局问题的请示”，提出了招商局“立足港澳，背靠国内，面向海外，多种经营，买卖结合，工商结合”的经营方针，之后又大胆提出了在内地沿海建立一个出口加工基地的想法，得到了交通部、广东省的大力支持并向国务院上报了“关于我驻香港招商局在广东宝安建立工业区的报告”，被党中央、国务院批准。

1979年7月20日，广东宝安蛇口工业区破土动工，响起开山第一炮。这一

炮被后人称之为中国改革开放第一炮，中国改革开放的创新之举——经济特区正式诞生了。

7.1.2 创新使开发区成为国民经济发展的主力军

历经40年的改革开放，以经济特区、经济技术开发区、高新技术产业开发区等为代表的各类开发区为中国的社会经济发展做出了不可替代的贡献。

截至2018年3月，国家级开发区（包括219家国家级经开区、156家国家级高新区）GDP约占全国的25%，已成为科学技术创新、产业转型升级、企业提质增效、对外交流开放乃至国民经济整体发展名副其实的主力军、主战场和动力源。

商务部网站数据显示，2017年1—9月，仅全国219家国家级经济技术开发区（以下简称国家级经开区）实现规模以上工业总产值167 533亿元人民币，固定资产投资39 339亿元，同比分别上升7.7%和10%；财政收入12 937亿元，税收收入11 734亿元，同比分别增长17.2%和14.6%；实现进出口总额38 675亿元（其中，出口21 471亿元，进口17 204亿元），同比增长16.7%；实际使用外资和外商投资企业再投资金额387亿美元，同比增长11%。国家级经开区财政收入、税收收入、进出口总额及固定资产投资占全国的比重分别为9.6%，10.4%，19.1%，8.6%。

由此可见，开发区在整个国民经济发展中占据重要地位，其中的根本点在于创新。土地开发、招商引资、体制机制、企业服务、产业集聚、成果转化、人才培养、财政金融、资源环境等一系列创新之举带来了开发区的发展壮大，带来了祖国的繁荣昌盛。

党的十九大报告明确指出：创新是引领发展的第一动力。当前，中国已经步入了蓬勃发展的新时代，开发区作为改革的试验田，对外开放的窗口不仅出色完成了开拓创新的历史使命，同时也迎来了创新发展、转型升级的崭新历史机遇和新时代使命。

7.1.3 开发区的发展始终呼唤着创新驱动

近年来，受国内外多重因素影响，开发区的发展遇到了很大的瓶颈，主要经济指标增速明显放缓，个别年份甚至低于全国平均指标。与此同时，一些开发区转型升级步履蹒跚，尚未走出数量扩张型的老路，发展质量和效益差强人意。

为此，国务院接连发布多个文件，指导开发区在复杂经济环境下的创新发展路径，如2017年1月19日发布的《国务院办公厅关于促进开发区改革和创新发展的若干意见》（国办发〔2017〕7号）明确提出开发区今后发展的基本原则是：坚持改革创新。强化开发区精简高效的管理特色，创新开发区运营模式，以改革创新激发新时期开发区发展的动力和活力。

与往日相比，新时代的创新发展应有更高的格局与理念，应有更高的质量和效益。开发区发展到今天，一方面要总结梳理40年改革开放的经验和不足，更应展示出新的创新理念和姿态，更应着眼于广阔的区域、综合的要素、开放的体系和长远的发展。

开发区建设之初的创新主要存在四个问题。

7.1.3.1 区域独立

开发区建设之初目光往往只是盯在自身所在地区的招商引资、设施建设，很少考虑到整体区域或与其他开发区的联动发展、辐射带动与协调合作，仍然是“一亩三分地”的思想。

7.1.3.2 要素单一

开发区建设之处初的创新往往只是考虑到一个或相关的几个环境要素，如财政和税收支持、土地价格优惠等，较少考虑到综合性营商环境、管理机制，以及项目、企业在不同时期的需求、状况和市场影响，对投资环境和政策效果缺乏跟踪评估、整体研究和系统分析。

7.1.3.3 体系封闭

开发区管理机构内部往往习惯单纯从自身业务范围出发管理区域、服务企业，甚至各自为政，容易忽略开放理念和平台建设，缺乏信息共享，资源利用和信息对接也不够充分。

7.1.3.4 目标短视

部分开发区管理机构，由于受到不正确政绩观和发展压力的影响，急功近利，盲目扩充发展范围，忙于招引项目，缺乏长远规划和产业研究，使得部分项目质量不高、效益低下，对开发区的长远发展造成影响，甚至造成较大的债务压力。

7.1.4 理念、机制、模式的创新是开发区创新发展的火车头

思想、理念、格局、眼界是发展的真正源泉和动力，决定着开发区发展体制、机制和服务模式。有什么样的思想、理念就有什么样的发展方向，有什么样的格局、眼界就有什么样的发展空间，就有什么样的机制和模式。

开发区就是创新发展的产物，是自力更生、艰苦奋斗的典范。开发区的发展历来就是不等不靠、迎难而上。历经几十年的发展，开发区从试点到普及，从个别到一般，数量规模迅速扩大，但开拓创新的发展理念、精简高效便捷的服务理念和思路却不一定得到系统全面地发扬、继承。这里既有人员队伍职业素养和培训问题，也有地方政府急功近利的政绩观问题，更有区域整体政务环境和为政理念的问题。

开发区是特殊经济发展区域，首先需要的是全心全意为企业服务、全心全意创新进取的理念，最重要的就是政府管理机构工作人员的服务发展理念、素养、格局和眼界。可以说，开发区发展速度的快慢、水平的高低直接取决于管理机构以及公务人员的素养和理念，某种程度上讲，也是企业和项目选择开发区的首要标准。

许多发展较早、较快、较好的开发区，如：深圳特区、浦东新区，以及苏州工业园区、上海闵行经济技术开发区、虹桥经济技术开发区、漕河泾新兴技术开发区、天津经济技术开发区、广州经济技术开发区、北京经济技术开发区等都继承和延续了发展初期的精简高效管理体制，不断探索宽领域、高标准、强辐射的创新服务模式，发挥了应有的示范效应。

与此同时，一些开发区仍然热衷于盲目扩张范围、积极申请升级，但却躺在国家级开发区的“金字招牌”上按部就班、故步自封，早已把原来描述的宏伟发展蓝图和开发区应有的发展理念和服务机制抛在脑后，与“创新、协调、绿色、开放、共享”的五大发展理念渐行渐远。

2016年4月1日，国务院办公厅出台的《关于完善国家级经济技术开发区考核制度促进创新驱动发展的指导意见》（国办发〔2016〕14号）就是要在发展理念和体制、机制上规范和强化开发区发展，让开发区永葆青春，不辜负开发区改革开放“功臣”的历史使命。

7.1.5 产业促进和企业技术创新是开发区创新发展的重要内容

产业是国民经济发展的主体，是开发区的立区之本。产业的发展，企业的技术创新、科技成果转化，特别是高新技术企业和项目的引入、发展是开发区永恒的主题。

开发区的发展理念和体制机制是发展的关键和决定因素，但理念和体制机制是围绕和服务于产业发展、项目引进和服务企业的，如何促进产业发展，如何帮助企业研发和引进新技术，什么样的政策措施和模式是受企业欢迎的，是衡量开发区创新发展的重要内容和创新发展水平、效果的“探测器”“刻度尺”“指挥棒”。

对此，开发区要有专业化的定期调研、评估、监测和考核制度，始终保持开发区对世界经济全球化进程、国家发展战略、高新技术产业、科技成果转化等问题的高度聚焦，以创新的理念、体制、机制来保障和推进开发区的创新发展。

7.2 创新网络服务平台是京津冀协同发展的有力支撑

7.2.1 构建创新网络服务平台是开发区协同发展的必然选择

改革开放以来，中国制造业得到了跨越式的发展。2010年，中国超越美国成为全球制造业产出最高的国家，目前，我国制造业占全球制造业的比重已超过20%。在国际标准工业分类中，我国制造业占世界比重在七个大类中名列第一，钢铁、水泥、汽车等220多种工业品产量居世界第一位。我国制造业门类齐全，独立完整，但与世界先进水平相比，仍然大而不强，在自主创新能力、资源利用效率、产业结构水平、信息化程度、质量效益等方面差距显著，转型升级和跨越发展的任务紧迫而艰巨。

与此同时，开发区作为制造业发展的主阵地，存在着产业结构雷同，产能过剩，盲目招商引资，盲目扩大发展区域等问题。产生类似问题的根源不仅在于地方利益和追求政绩的驱动，也在于产业发展和企业服务信息的缺失，在于发展理念的粗放、短浅，在于网络化创新服务体系的缺位。

京津冀开发区的协同发展一定要有着眼长远、覆盖广泛、合作共享、综合开放的网络服务体系支撑。

为此，要探索建立线上、线下产业协同创新发展公共服务平台，涵盖产业发展研究，项目采集、筛选，科技成果转化，产能合作，区域合作，投资融资，人力资源，节能环保，健康服务等内容。形成面向京津冀各级各类开发区的产业协同发展服务体系，以平台建设的视角有效解决开发区、产业、企业在发展中遇到的供给与需求问题，不断提升发展质量与效益。

7.2.2 构建开发区创新网络平台的有益尝试

为提升京津冀开发区产业协同发展水平，培育京津冀开发区创新服务平台，2015年7月16日，由中国开发区协会，京津冀三地开发区协会和北京、天津、河北三地13家国家级经开区共同发起的“京津冀开发区创新发展联盟”（以下简称京津冀开发区联盟）在北京经开区正式成立。

三年多来，京津冀开发区联盟围绕产业合作、项目对接、企业服务和区域合作等众多方面开展了大量工作，有效促进了各级各类开发区间的合作交流，取得了较大成效，彰显了创新服务平台不可替代的功效和支撑。与此同时，有远见的社会组织和企业也积极探索，共同培育着开发区创新服务平台的发展与壮大。

2016年4月1日，国务院办公厅印发了《关于完善国家级经济技术开发区考核制度促进创新驱动发展的指导意见》，文件中明确提出：“鼓励国家级经开区按照国家区域和产业发展战略共建跨区域合作园区和合作联盟。依托京津冀开发区创新发展联盟，促进常态化的产业合作、项目对接和企业服务，提升区域合作水平。长江经济带沿线各国家级经开区要按照市场化机制建立合作联盟，促进产业有序转移、合理布局、协调发展，构筑全国范围内具有较强竞争力和影响力的区域开放合作平台。”

2017年1月10日，长江经济带国家级经济技术开发区协同发展联盟在商务部指导下正式成立，为推进长江经济带国家发展战略的实施，共同搭建面向各级各类开发区的创新服务平台又迈出了坚实一步。

7.2.3 共建共享全球创新网络服务平台

总部位于上海的德稻集团策划发起的“德稻全球创新网络”是为全球企

业提供协同合作服务的产业创新发展公共平台，推动和帮助企业在技术和产品创新、全球供应和销售链、投资融资机构和体系、政产学研用结合、全球产能及合作信息网络等方面的合作，最终提升企业创新发展、转型升级，提升区域和产业经济的协同发展。此外，德稻集团致力于吸引国际顶级大师资源，并将大师智慧转化为现实生产力，在教育和产业项目方面与中国市场对接，推动中国的教育创新以及产业转型升级。

目前，全球已有来自30多个国家62个行业的500余位国际大师加入德稻，在德稻大师工作室的合作平台上，实践高端行业教育，协同推动产业创新，将世界大师的智慧资源、中国的人力资源、教育资源和企业的资本资源相结合，为当前中国的各类产业提供一揽子创意解决方案，同时催生新的市场领域。

2016年以来，京津冀开发区创新发展联盟与德稻集团紧密合作并签署合作框架协议，共同构筑德稻全球创新网络，为京津冀开发区乃至全国各级各类开发区在产业协同发展方面提供全方位服务。

7.3 营造、提升产业发展环境是协同发展的重要基础

7.3.1 产业发展环境是决定开发区发展水平和发展前景的重要基础

《国务院办公厅关于促进开发区改革和创新发展的若干意见》明确指出：开发区要继续把优化营商环境作为首要任务，着力为企业投资经营提供优质高效服务、配套完善的设施、共享便捷的资源，着力推进经济体制改革和政府职能转变。

京津冀开发区智库丛书的第一本书《京津冀国家级开发区产业发展环境研究》，首次对开发区产业发展环境作为根本基础性问题做了全方位、系统化的论述，对京津冀13家国家级开发区的产业发展环境做了详尽的分析研究。书中认为：产业发展环境涵盖产业发展所有影响因素。概念中所使用的“环境”一词，泛指产业发展所依赖的整个大环境（或气候），而不同于通常意义上所理解的生态环境。如政治、经济、社会、文化、自然和人文等都是大环境的构成内容。包括了由有形的条件、要素（基础设施、生活环境、

区位交通、生态环境等）构成的硬环境和由无形条件和要素（政策、体制机制、经济社会发展水平等）构成的软环境。

产业发展环境对区域经济有着重大影响，甚至可以说，无论何时何地，产业发展环境都是决定开发区发展水平和发展前景的重要基础。

7.3.2 产业发展环境的营造和提升是动态过程

开发区建设之初，在规划优先、招商引资优先的情况下，十分重视环境建设这个开发区发展的根本性基础，从综合角度讲，规划、招商和环境建设构成开发区发展的核心内容。

社会经济发展规划与产业发展布局和空间规划是相对稳定的，招商引资作为开发区发展的重中之重也得到各级开发区的高度重视，但环境的建设，特别是软环境的营造，随着时间的推移却容易被忽视。从外界环境讲，国内外政治经济等的发展瞬息万变，特别是国家、地区之间的发展变化和差异愈加明显，从总体上讲对每个开发区的环境建设提出了不小的挑战和新的要求。

开发区硬环境的营造和提升是看得见、摸得着，容易受到重视的，在招商引资，特别是开发区发展初期发挥着重要作用。硬环境也取决于并影响着开发区产业结构的发展状况，不同产业结构对基础设施（如电力、蒸汽、天然气以及特种气体的供应，水资源的供应等）的需求存在差异，开发区需要依据产业发展规划不断提升和完善硬环境建设水平。

开发区软环境时常受到外界政治经济发展综合环境的影响，更应得到重视。例如，随着开发区产业结构的不断升级，对地区劳动力需求会发生结构性变化，对文化、教育与生活和自然环境的需求也会发生较大变化。再如，2008年1月1日实行新的《中华人民共和国企业所得税法》后，国家级经济技术开发区原有的对外商投资企业的所得税优惠政策，即两免三减半政策正式终止执行（依据《国务院关于实施企业所得税过渡优惠政策的通知》，仍可享受一定时期的过渡优惠政策）。

此外，新一代信息技术与制造业的深度融合、全球产业竞争格局的重大调整、发展中国家快速发展和崛起、发达国家纷纷实施“再工业化”战略以及国内的传统产业产能过剩、资源环境的压力等，给中国这个世界第一制造业大国带来方方面面的影响，给开发区的软环境建设带来影响。

可见开发区软环境涉及面更广，不确定因素更多，影响范围更大，更应随时关注，定期评估评测，在不断调查研究的基础上加大营造和提升力度，与硬环境的不断完善协调配合，共同提升开发区的协同发展水平。

7.3.3 产业发展环境的完善要围绕产业发展趋势展开

要保障产业发展环境的完善和动态提升，就要与产业的发展趋势、高新技术企业和项目的引进，以及区域经济社会发展战略和布局有机衔接起来，要围绕宏观发展规划和产业、企业发展愿景、需求，不断加以完善。

在产业发展环境营造和不断完善过程中，开发区应遵循先行规划、超前调研、同步监测、动态完善的理念，发挥精简高效的体制机制特色，引领国家高端产业发展。

各国政府均高度重视当今世界新一轮产业革命，无论是德国的工业4.0，美国和英国等国的“再工业化”，还是中国的“中国制造2025”，从总体上讲都是各国长期发展的宏观战略，而且，各国都在围绕产业发展，精心营造着综合性区域产业发展环境。大家一致认为，产业革命决定一个国家的未来和竞争力，涉及体制机制、政策取向、科技研发、人力资源、基础设施等软、硬环境建设，必须综合加以统筹。美国奥巴马政府提出“再工业化”后，就先后推出“买美国货”、《制造业促进法案》、“五年出口翻番目标”，以及“促进就业措施”等一系列政策措施及战略部署，都围绕产业革命营造优良环境。

7.4 加速科技成果转化是协同发展的重要内容

科技创新资源的投入带来科技创新成果，科技创新成果的转化带来产业和企业的发展与财富的增加，这既是现代经济发展的核心规律，更是产业协同发展的重要内容。

7.4.1 科技成果转化是开发区协同发展的驱动器

来自世界银行的数据显示，世界上有研发活动统计的国家为110个，在研发经费投入强度低于1%的国家中，2/3的国家人均GDP低于1万美元，中位数为5 700美元；研发经费投入强度在1%~2%的国家，其人均研发高于1万美元，中位数为32 000美元；研发经费投入强度高于2%的国家中，绝大多数国家人均GDP高于2万美元，中位数为49 000美元。

在中国，研发经费投入强度在2%以上的有北京、上海、天津、江苏、广东、浙江、山东和陕西8个地区，其人均GDP平均接近1.3万美元；研发经费投入强度在1%~2%的有12个地区，其人均GDP平均约为6 900美元。

此外，从发明专利申请受理量讲，我国已连续6年居世界首位，2016年国家知识产权局共受理发明专利申请133.9万件，同比增长21.5%。同年，国内发明专利拥有量首次超过100万件，成为世界上继美国、日本后第三个超过100万件的国家。

从国内（不含港澳台）每万人口发明专利拥有量看，2016年排在前几位的地区为：北京76.8件、上海35.2件、江苏18.4件、浙江16.5件、广东15.5件、天津14.7件。我国（不含港澳台）每万人口发明专利拥有量为8件。可以看出，京津冀地区的北京和天津具有明显和较大的优势。

可见，无论是从科技研发或发明专利角度看，我国都拥有较强的发展态势和潜能。如从成果转化角度看，我国的科技成果转化率，特别是产业化率还不足10%，与发达国家40%左右的转化率比，还存在着较大发展空间。

为此，开发区在协同发展过程中，理应加大科技创新研发费用的投入，在区域和产业发展中继续发挥引领带动作用；理应把加大科技成果转化的投入和促进力度，作为开发区协同发展，提质增效和转型升级的重要内容。

7.4.2 以企业为主体加快科技成果转化速度，提升转化效益

开发区科技成果转化应以企业为主体，充分利用现有资源环境和产业基础，充分整合产业资源，加快转化速度，提升转化效益。

2014年4月26日，习近平总书记在北京考察工作时明确提出京津冀协同发展战略，2015年4月30日，中共中央政治局召开会议，审议通过了《京津冀协同发展规划纲要》，明确了北京市“全国政治中心、文化中心、国际交往中心、科技创新中心”的首都城市战略定位。同时，中央也提出了北京科技创新中心的功能布局——“三城一区”，即：中关村科学城、怀柔科学城、未来科学城和北京经济技术开发区。

北京经济技术开发区作为北京科技创新中心科技成果转化的主阵地和示范引领区，多年来，在大力吸引外商投资企业和高新技术企业入区的同时，始终注重探索、创新和营造以企业为主体的产业化合作共享公共服务平台，营造专业化产业发展环境，完善产业链条，提高产业集聚度，为生产性企业和研发企业提供生产性技术服务，同时促进科技成果转化。

2007年，北京经开区管委会就提出并建立起综合性“生物医药公共服务平台”，平台包括面向生物医药研发和生产企业的专业技术服务、技术支撑服务及综合服务三大内容。

专业技术服务围绕生物医药产业链研发阶段的核心环节，由经开区内相关专业企业提供服务，包括北京昭衍新药研究中心有限公司（药物筛选、临床前安全评价、临床研究、注册代理等），北京义翘神州生物技术有限公司（基因表达、大规模动物细胞培养、大规模人类蛋白库建立、生物产品的工艺研究等），北京诺赛基因组研究中心有限公司（基因测序与分析等），本元正阳基因技术有限公司（基因药物载体制备工艺和质量标准的建立、基因芯片研发、新药设计等），凯因生物技术有限公司（临床前中试生产、生物药物委托加工等），康龙化成（北京）新药技术有限公司（化学药物合成与筛选等），奥特康森药物科技服务有限公司（化学药物合成与筛选）等。同时，北京经开区管委会还提出了《北京经济技术开发区生物医药产业园项目扶持办法（试行）》，不断促进和完善专业化的产业发展环境。

技术支撑服务和综合服务功能集中布局由北京经开区管委会策划、委托并支持，北京经济技术投资开发总公司（北京经开区管委会所属国有企业）建设的“北京亦庄生物医药产业园”占地面积约9万平方米，建筑面积约18万平方米，分布有研发中心、中试中心、仪器测试中心、器材供应中心、消毒中心、危险品库房及部分配套生活服务设施等。至2017年年底，生物医药产业园已吸纳约170家医药创新及服务外包企业入驻。

北京经开区生物医药产业园不仅极大地推动了生物工程与新医药产业的发展，也成为北京科技创新中心重要组成部分，被科技部火炬中心认定为“国家级科技企业孵化器”，成为北京国家生物产业基地和国家新药创新孵化基地（仅有3家，另外2家位于上海张江、江苏泰州）的核心组成部分。

7.4.3 北京经开区科技成果转化典型企业案例

仍以北京经开区生物医药公共服务平台中的技术服务企业和成长中的高新技术企业为例进行阐述。

北京昭衍新药研究中心股份有限公司成立于1995年，是中国最早企业化运作的生物医药研发临床前安全评价实验室（GLP），2001年正式迁入北京经济技术开发区。作为北京经开区生物医药公共服务平台的主要发起单位之一，该公司在平台的设立、运行和日常服务中发挥了重要作用。在服务开发区生物医药企业的同时，昭衍新药不断提升自身发展实力，2017年8月25日在上海证券交易所成功上市（股票代码：603127）。

在北京经开区生物医药公共服务平台专业技术服务体系中，北京昭衍新药负责为开发区医药研发和生产企业提供研发项目设计个性化方案、药物筛选、药效学研究、药代动力学研究、安全性评价和临床试验，以及注册服务等一条龙外包服务，服务内容覆盖了从药物发现直到新药注册的全过程，另外还可提供农药、医疗器械和食品动物的安全性评价以及用于科学研究的高品质实验动物销售服务。

昭衍新药在北京经济技术开发区及苏州太仓生物医药产业园区都拥有符合国际标准的动物饲养管理设施和现代化的功能实验室，截至2017年年底，合计投入使用设施总面积约3.3万平方米，拥有员工近700人，仅在2015—2017年就完成了1 200多种药物的3 700多项临床前研究、评价试验项目，2017年公司总收入超过3个亿。为拓展产业服务范围，昭衍新药还在美国旧金山湾区设立了实验室，开展药物筛选以及药效学实验，同时为中国及其他国家客户提供美国FDA新药注册和技术咨询服务。

目前，昭衍新药已成为中国首家通过美国FDA GLP检查，唯一同时具有美国AAALAC（动物福利）认证，中国SFDA 的GLP认证，欧盟OECD的GLP认证，以及韩国MFDS的GLP认证资质的专业新药临床前安全性评价机构。所提供的试验报告可同时被美国、中国、韩国以及欧盟组织成员国等多个国家认可。

安诺优达基因科技（北京）有限公司，成立于2012年，是北京经开区生物医药公共服务平台设立以来成功孵化的一家重点企业。总部位于北京经济技术开发区生物医药产业园内，在浙江、江苏等地设有分中心或子公司，是中国基因组行业知名企业，专注于新一代基因组学技术在人类医学健康和生命科学研究两大领域的产业化应用。自成立以来，安诺优达先后被认定为国家高新技术企业、国家卫计委首批高通量测序临床应用试点单位，国家发改委首批基因检测技术应用示范中心，北京市发改委“精准医疗与基因工程北京市工程实验室”，“十三五”时期第一批北京生物医药产业跨越发展工程（G20工程）企业，入选中国最具科技引领力企业30强、中国最具投资价值企业50强。2017年，安诺优达被评为“中国创业企业新苗榜100强”等。

在医学健康领域，安诺优达人类遗传学团队汇集了国内外优秀的基因组学及医学专家，在生育生殖健康、肿瘤个性化诊疗和基因体检几大方向形成了优秀的产品体系和品牌效应，推出了包括无创产前DNA检测、NGS肿瘤个体化用药指导基因检测、血液病基因检测、乳腺癌/卵巢癌基因检测在内的一批优秀的高通量测序临床应用项目。

在科技服务领域，安诺基因作为安诺优达旗下注册品牌，在基因组学、转录组学和表观遗传学等多组学水平与国内外高校院所和研发机构广泛开展科研合作，承担英特尔基因分析一体机联合实验室等建设任务，为生命科学研究提供优秀的技术解决方案。

安诺优达自主研发了领先基因组测序和生物信息学技术，建立了先进的高通量测序平台和高性能计算平台，并先后与美国公司及阿里云达成战略合作，推出了领先的桌面式高通量测序仪和生物大数据平台“安诺云”，目前已经在测序设备和分子诊断试剂、医学检测与研究、科研服务、基因大数据和云平台服务等方面具备了优秀的产品体系和品牌效应，形成了覆盖业务上游、中游、下游的全产业链布局及强大的产业化服务能力。

上述两家企业虽然只是经开区科技成果转化中发展较好的众多企业中的代表，但却为科技成果转化、经开区主导产业的集聚、产业链的完善做出了有益尝试和较大贡献。

7.5 优化产业结构是协同发展的基本保障

7.5.1 产业结构反映和影响着区域经济发展水平

产业结构反映了国民经济各个产业及其内部各个组成要素、资源之间的分配状况和相互关系，是国家和地区经济结构的有机组成部分，在整个国民经济结构中居于主导地位，是区域经济发展水平的重要影响因素。

一般意义上讲，国家或区域的三次产业结构的发展状况和结构优化是遵循一定的自然规律的，如像配第—克拉克定理所阐述的，随着国民经济的发展，人均收入水平的提高，国民收入和劳动力依次在第一、第二、第三次产业之间进行转化。

1985年，美国的三次产业增加值占国内生产总值的比重分别为2.3%，27. 5%，69.3%；2016 年，美国的三次产业增加值占国内生产总值的比重分别为0. 9%，18. 9%，80. 2%，第三产业在美国产业结构体系中处于完全意义上的主导地位。而2016年，中国的三次产业增加值占国内生产总值的比重分别为8.6%，39. 8%，51.6%。京津冀地区的产业结构较全国要好一些，2016年，京津冀地区三次产业增加值占地区生产总值的比重分别为：5.2%，37.3%，57.5%。由此可见，京津冀地区，特别是河北省（河北省三次产业增加值占地区生产总值比重分别为11%，47%，41.7%）产业结构调整和转型升级的空间和潜力巨大。

在产业结构演进的过程中，政府引导在一定程度上会加快产业结构的优化进程，在京津冀协同发展的国家战略指引下，京津冀开发区更应全面、长期、持续、系统地研究区域产业发展演化特点，制定合理有效的产业发展政策、规划，积极主动促进开发区产业结构的优化升级。

7.5.2 京津冀产业结构优化和发展方向

经济技术开发区作为中国制造业发展的主阵地，特别应注重在产业结构优化过程中，制造业产业结构的转型、升级、优化、调整。2015年5月8日，国务院印发的《中国制造2025》明确指出：中国经济发展进入新常态，制造业发展面临新挑战。资源和环境约束不断强化，劳动力等生产要素成本不断上升，投资和出口增速明显放缓，主要依靠资源要素投入、规模扩张的粗放发展模式难以为继，调整结构、转型升级、提质增效刻不容缓。形成经济增长新动力，塑造国家竞争新优势，重点在制造业，难点在制造业，出路也在制造业。在制造业结构优化、转型升级过程中，更应突出和重视战略性新兴产业的发展。

2010年，国务院印发《关于加快培育和发展战略性新兴产业的决定》（国发〔2010〕32号）以来，我国战略性新兴产业正逐步成为引领中国经济增长的新引擎。2017年，我国战略性新兴产业增加值占GDP的比重已达10%左右。2020年，战略性新兴产业增加值有望占GDP比重15%左右。节能环保、新一代信息技术、生物、高端装备制造、新能源、新材料、新能源汽车等将成为重点发展方向，形成新一代信息技术、高端制造、生物、绿色低碳、数字创意5个产值规模10万亿元级的新支柱产业。

可见，以强化战略性新兴产业为核心，不断提升制造业发展水平，优化产业结构，促进产业转型升级，提质增效是京津冀开发区协同发展的有效保障。

7.5.3 产业结构的优化应重点关注高新技术产业项目的引入、扶持和主导产业集聚水平的提升以及产业链的完善

招商引资、企业服务是开发区经济发展的核心工作，从某种程度上说，有什么样的项目引进、企业扶持政策就会形成什么样的主导产业，就会有什么样的产业发展水平。

为此，在优化产业结构的过程中，应重点关注项目引进和企业扶持政策对主导产业集聚水平的提升和产业链的完善，在制定普惠产业促进政策的同时，可以制定专业化产业促进政策，提高精准服务水平。注意研究不同产业发展规律和产业链构成，科学促进和完善产业发展链条，有效提升产业资源利用效率。

同时，还应关注不同产业集群之间的融合发展，相互促进，关注高新技术发展趋势对新兴产业的影响和促进，我们常说的工业化与信息化的融合（也称两化融合）就是这个道理，当今世界，交叉学科的发展带来的发展机遇和商机的案例比比皆是。

7.6 对接国家区域发展战略是协同发展的必然选择

7.6.1 国家区域发展战略是开发区产业布局的依托

区域协同发展战略不仅是国家发展大计的重要组成部分，也是开发区产业布局的重要对接点，是调整优化产业布局的依托，协同发展的指引。有效对接国家区域发展战略，主动融入发展大局，才可能避免盲目扩张、粗放发展，避免产能过剩、低效重复。

根据国家经济发展的需要和产业布局的实际，1999年，国家提出了西部大开发战略。2004年3月，国家又提出中部崛起战略（河南、湖北、湖南、江西、安徽、山西等地区），同年8月，再次提出东北老工业基地振兴计划。这样，在21世纪初，我国初步形成了国家层面的基础性、全国性产业布局，即：实施西部大开发战略，加快东部地区发展并率先实现全面小康和现代化，推进中部崛起，支持东北地区等老工业基地加快调整改造，实行东西互动，促进区域经济协调发展。

党的十八大以来，以习近平同志为核心的党中央站在实现“两个一百年”奋斗目标，实现中华民族伟大复兴中国梦的历史高度，提出了“一带一路”倡议、京津冀协同发展、长江经济带发展三大区域发展战略。三大战略的实施是我国经济发展最大的产业布局，是调整开发区产业布局，促进协同发展的指引。

2013年9月，习近平主席在访问哈萨克斯坦时提出，共同建设“丝绸之路经济带”，同年10月，习近平主席在访问印度尼西亚时提出共同建设21世纪“海上丝绸之路”，“一带一路”倡议就此揭幕。

2014年2月26日，习近平总书记在北京考察工作时指出：实现京津冀协同发展，是面向未来打造新的首都经济圈、推进区域发展体制机制创新的需要，是探索完善城市群布局和形态、为优化开发区域发展提供示范和样板的需要，是探索生态文明建设有效途径、促进人口经济资源环境相协调的需要，是实现京津冀优势互补、促进环渤海经济区发展、带动北方腹地发展的需要，是一个重大国家战略，要坚持优势互补、互利共赢、扎实推进，加快走出一条科学持续的协同发展路子来。

2016年1月5日，习近平总书记在重庆召开推动长江经济带发展座谈会，指出“促进长江经济带实现上中下游协同发展、东中西部互动合作、把长江经济带建设成为我国生态文明建设的先行示范带、创新驱动带、协调发展带。”

2016年8月17日，习近平总书记在推进“一带一路”建设工作座谈会上进一步强调，要加强“一带一路”建设同京津冀协同发展、长江经济带发展等国家战略的对接，同西部开发、东北振兴、中部崛起、东部率先发展、沿边开发开放的结合，带动形成全方位开放、东中西部联动发展的局面。

7.6.2 京津冀协同发展战略为开发区产业布局指明了发展方向

国家产业布局发展到今天，已日臻成熟。在21世纪初形成全国性、基础性产业布局基础上，又提出面向未来、面向世界全方位的新时代产业发展布局：即以肩负打造中国北方新增长极，肩负千年大计、国家大事的京津冀协同发展为点；以涵盖长江流域11省市、贯穿东中西部的长江经济带发展为线；以体现古丝路精神，构建人类命运共同体，连接世界的“一带一路”为面，点线面有机结合，共同构建新时代中国产业发展新格局。

《京津冀协同发展规划纲要》在京津冀协同发展的产业布局上给出了明确答案，确定了“功能互补、区域联动、轴向集聚、节点支撑”的布局思路，明确了以“一核、双城、三轴、四区、多节点”为骨架，推动有序疏解北京非首都功能，构建以重要城市为支点，以战略性功能区平台为载体，以交通干线、生态廊道为纽带的网络型空间格局。

“一核”即指北京。把有序疏解北京非首都功能、优化提升首都核心功能、解决北京“大城市病”问题作为京津冀协同发展的首要任务；“双城”是指北京、天津，这是京津冀协同发展的主要引擎，要进一步强化京津联动，全方位拓展合作广度和深度，加快实现同城化发展，共同发挥高端引领和辐射带动；“三轴”指的是京津、京保石、京唐秦三个产业发展带和城镇聚集轴，这是支撑京津冀协同发展的主体框架；“四区”分别是中部核心功能区、东部滨海发展区、南部功能拓展区和西北部生态涵养区，每个功能区都有明确的空间范围和发展重点；“多节点”包括石家庄、唐山、保定、邯郸等区域性中心城市和张家口、承德、廊坊、秦皇岛、沧州、邢台、衡水等节点城市，重点是提高其城市综合承载能力和服务能力。

在推动京津冀产业发展布局的同时，2017年4月1日，中共中央、国务院决定设立河北雄安新区，这是继深圳经济特区和上海浦东新区之后又一具有全国意义的新区（涉及河北雄县、容城、安新三县及周边部分区域，远期控制区面积约2 000平方公里），是千年大计、国家大事，同时也是推动京津冀协同发展，调整产业布局的重要举措，是首都功能拓展区，也是疏解北京非首都功能集中承载地，是京津冀地区新的经济增长极。

有了这样的京津冀协同发展宏伟蓝图，京津冀经开区的产业布局和转型升级就有了坚强的依托，有了伟大的指引，为区域和产业协同发展带来无限发展空间，带来美好发展前景。

7.6.3 开发区在国家区域发展战略中应找准自身的定位

开发区，特别是国家级开发区的设立，都是经过全方位的研究，经过详细勘察、规划的，不仅考虑到了区位、交通、气候、资源等自然地理环境因素，也考虑到了区域特色、社会经济、历史文化等经济地理环境因素。可以说，开发区是各具特色，拥有自身独特优势的。

开发区，特别是发展较晚的地方开发区，应注意主动对接国家区域发展战略，梳理自身发展条件和环境影响因素，挖掘自然、历史、文化和社会经济发展潜能，在不断跟踪研究区域和产业发展战略、发展趋势、发展机遇中找准自身发展定位，有所为，有所不为，有效融入区域发展大局之中。

7.7 发挥国家级开发区的示范带动作用是协同发展的有效手段

7.7.1 国家级开发区在京津冀协同发展中应继续走在创新发展的前列

从1979年7月，党中央、国务院批准广东、福建两省在对外经济活动中实行特殊政策和灵活措施，举办深圳、珠海、汕头、厦门四个经济特区，1984年4月开放天津、上海、大连等14个沿海港口城市，1985年2月将珠江三角洲、长江三角洲、闽南厦（门）漳（州）泉（州）三角地区开辟为沿海经济开放区，1988年4月批准举办海南经济特区，到1990年4月开发和开放上海浦东新区，我国对外开放的窗口、改革的试验田——开发区的建设如雨后春笋，开发区走在了改革开放的最前沿。

至1993年，我国沿海11个省、直辖市、自治区外贸出口总额占全国出口总额的81%，实际利用外资占全国的85%，新增工业产值占全国新增工业总产值的61%。其中各级各类开发区做出了突出贡献。

1994年，5个经济特区的工业总产值1 515.2亿元，相当于初建特区时的50多倍。对外贸易总额达到511亿美元，相当于全国当年进出口总额的21.2%。1993年珠海、深圳特区的人均国内生产总值分别居全国第一、第二位。

1986年8月21日，邓小平同志视察天津开发区后，欣然题词“开发区大有希望”。今天，各级各类开发区的发展更加蓬勃，成为区域经济发展的领头羊，成为产业发展的主阵地。

中国特色社会主义进入了新时代，为实现两个一百年的奋斗目标，国家级开发区理应继续走在时代的前列，继续发挥创新引领作用。

7.7.2 国家级开发区应把提质增效作为自身转型升级和推动京津冀协同发展的主要工作目标

目前，除去经济特区、保税区、边境经济合作区、旅游度假区、各类国家新区外，我国数量最多、分布最广的开发区为国家级经济技术开发区219家，国家级高新技术产业开发区156家，数量已经不少。开发区再发展绝不在于数量的增多，面积的扩张，而在于发展质量的提升，效益的增加。

近年来，我国综合制造成本持续上升，不仅超过了绝大多数发展中国家，甚至逼近了不少发达国家。美国波士顿咨询集团（BCG）2015年发布报告《全球制造业的经济大挪移》显示，中国的制造成本已经与美国相差无几。全球出口量排名前25位的经济体，以美国为基准（100），中国的制造成本指数是96，即同样一件产品，在美国制造成本是1美元，那么在中国则需要0.96美元，双方差距已经极大缩小。国家级开发区唯有走提质增效、转型升级、协同发展、创新驱动的发展之路，才能适应新形势、培育新动力、实现新发展。

近年来，国家多次出台措施，规范国家级开发区的发展。例如：2014年10月30日《国务院办公厅关于促进国家级经济技术开发区转型升级创新发展的若干意见》（国办发〔2014〕54号），2016年3月16日《国务院办公厅关于完善国家级经济技术开发区考核制度促进创新驱动发展的指导意见》（国办发〔2016〕14号），2017年1月19日《国务院办公厅关于促进开发区改革和创新发展的若干意见》（国办发〔2017〕7号）等。为此，国家级开发区理应围绕国家相关政策，特别是党的十九大以来的路线方针，在转型升级、提质增效、创新发展上大做文章，迎来开发区发展新的春天。

7.7.3 国家级开发区应主动对接和服务国家区域发展战略

国家区域发展战略的核心是产业布局的不断提升。从40年前改革开放之初的广东、福建的先行先试，到沿海开发开放，到21世纪初的西部开发、中部崛起、东北振兴、东部率先，到“一带一路”建设、京津冀协同发展、长江经济带发展等，国家的区域发展战略不断提升、不断深化。每一次的提升、深化都离不开走在改革开放前列的开发区的创新拓展和服务对接。

同样，开发区与国家区域发展战略的有效衔接，有力地促进了开发区自身的提升与发展，为开发区发展带来新的生机活力，带来新的希望和空间。

7.7.4 国家级开发区应主动帮扶带动地方开发区的发展

在全国各级各类开发区中，国家级开发区虽然占比很小，但其发展历史长、基础好、实力强，具有较强的辐射带动作用。

当前，国内众多的地方开发区，在发展规划、产业环境、体制机制、干部队伍、思想意识、资金实力等方面存在较大不足和差距，甚至有些地区还处于贫困状态。国家级开发区主动帮扶，对接带动，合作共赢，不仅有利于协同发展，更可以为大家带来新的空间、资源和机会，带来创新发展的新成效。

7.7.5 国家级开发区应更加注重产业和区域发展规律研究，引领新时代开发区创新发展

国家级开发区积累了大量经验、资源，具有较强的经济发展基础和实力，拥有一支专业化招商引资、产业促进和企业服务队伍，成为区域经济发展不可替代的宝贵财富。

当前市场环境复杂多变，一般制造业产能过剩，技术进步加快，传统产

业升级改造，环境保护压力加大，开发区建设面临着诸多的困难和问题，特别是在思想理念、政策措施等方面面临着不小的挑战。

如何破解难题，迎难而上，发挥优势，继续走在改革开放的最前列，需要在加大日常工作力度的同时，加大产业发展和区域发展规律及问题的研究，通过比较研究，梳理几十年来的经验教训，不断探索不同历史条件下的创新发展路径，不断提出和尝试创新发展的模式和措施。

为不断总结京津冀开发区乃至全国开发区几十年来的发展经验，探索创新发展路径，京津冀开发区创新发展联盟于2016年9月22日与首都经济贸易大学签署战略合作框架协议，合作成立了“京津冀开发区创新发展联盟产业发展研究中心”。京津冀开发区创新发展联盟以“产业发展研究中心”为依托、为纽带、为核心开展了众多课题的研究，内容涉及产业发展环境、产业协同发展、人力资源开发、投资融资服务、企业节能减排、企业发展监测、法律风险诊断、企业需求调研、产业园区发展，以及与长江经济带发展和“一带一路”建设等国家区域发展战略的对接、服务等。

当前，京津冀开发区创新发展联盟正积极与京津冀各级各类开发区、长江经济带开发区、珠三角开发区等单位联合开展区域合作，共同总结开发区发展经验，探讨开发区发展的未来。

7.8 探索地方开发区的特色发展模式是协同发展的科学支撑

地方开发区是振兴地方经济的基石和排头兵，构成地级市和各县经济发展的依托，特别是制造业和新兴产业发展的集中区域，对地方经济发展影响较大，得到当地政府的高度重视。

2018年3月，中央六部委联合发布了2018年版《中国开发区审核公告目录》，除去国务院批准设立的552家各类开发区外，省（自治区、直辖市）人民政府批准设立的开发区有1 991家，省（自治区、直辖市）以下地区设立的开发区数量更多。以京津冀地区为例，北京市批准的开发区为16家，天津市批准的开发区为21家，河北省批准的开发区为138家，京津冀三地经省（自治区、直辖市）人民政府正式批准设立的开发区就达175家。

从全国范围看，开发区数量众多，甚至可以说过剩。从产业结构上看，很多地方开发区与国家级开发区一样，也存在产业结构同质化严重的现象。

此外，相对于国家级开发区，地方开发区普遍存在起步晚、基础弱、实力薄、影响小等不利条件。如何开拓创新，走出一条协同发展的路子来，是地方开发区难以绕开的话题。

7.8.1 结合地方优势，协调合作，探索特色发展模式是关键

正如上文所说，众多地方开发区的发展依靠简单模仿和照搬国家级开发区的产业结构是难以为继的，面临着重复建设、产能过剩、盲目扩张、技术淘汰、环境容量、设施配套等问题。科学发展的出路就在于因地制宜、特色发展。

一般意义上讲，各个地方开发区拥有着独此一家、不可替代的自身特点和优势。每个地方都有自己悠久的历史、灿烂的文化，经济基础和社会发展各有特色。

挖掘地方社会经济发展特色，充分利用和发挥特色优势是地方开发区探索发展模式的关键所在。在发现和发挥特色方面，可以摆脱本位思维的惯性，跳出“一亩三分地”的局限，更多地从整个区域，国家战略的角度，运用比较研究方法，通过服务外包，借助发达地区的经验、力量和队伍，开展研究。此外，还应重视连续性的、定期的发展效果评估和问题诊断，真正做到科学发展。

7.8.2 加大发展环境投入、适应新兴产业的发展

开发区的产业发展环境是指产业所处系统内一切影响因素的总和，是一个地区为其产业的创新发展，能够动员、利用和营造的各种要素、条件的有机总和。

地方开发区建设之初，原有规划和现状环境与开发区所应具备的条件存在一定差异。从开发区发展规划上讲，不仅应考虑空间规划、布局，考虑水电气热等基础设施和生活、生态环境等方面的建设，更应考虑产业发展、营商环境等软环境的建设。加大投入，加快建设，尽快改变落后于现代产业发展需要的环境状况，对开发区内的企业发展、招商引资具有重要的意义。

在原有产业的升级改造方面，开发区应充分运用营商环境的完善、提升和公共服务平台的构建，为区内产业与企业的提质增效、升级改造服务，

通过持续的环境建设促进开发区的精细化、科学化发展。京津冀地方政府和各地开发区在营造良好营商环境方面做出了许多尝试。例如，2014年12月17日，河北邢台威县行政审批局正式成立，成为当时全省首个也是唯一成立并运行行政审批局的综合改革试点县。一枚印章管审批，一枚公章“包办”140项行政审批职责，解决了行政许可“公章四面围城、公函长途旅行”等问题，促进了投资和服务便利化。同时，组建市场监管局，一个部门搞监管，整合工商、质监、食药监，解决了多头执法、重复监管及监管不到位问题，保证了执法力量的集中。实现“重审批、轻监管”向“审批、监管分离”转变，为建立良好的营商环境迈出了果断而有效的一步。

目前，地方开发区不断强化招商引资工作，加大基础设施的建设投入投资力度，营造良好营商环境的发展势头愈发强劲。不断完善发展环境，提供优质服务已成为大家的共识。

7.8.3 地方开发区在管理体制、工作机制、产业政策上可借鉴国家级开发区的有效模式

国家级开发区在管理体制上具有相对独立性，一般作为当地政府的派出机构，由地方政府直接领导。为促进开发区产业发展，开发区工作机构一贯遵循小政府、大社会的管理理念，除少数开发区只设立单一机构，一般设有履行政府行政管理职能的开发区管委会，也有配合政府承担开发区基础设施配套建设和招商引资工作的开发区总公司。

开发区以吸引外商投资、兴办高新技术企业为主，集中精力促进经济发展。在工作机制上，国家级开发区较为灵活，例如，具有与省（自治区、直辖市）一样的外商投资企业审批权，项目落地速度快，效率高，服务体系完善。在产业政策上，经济技术开发区和高新技术产业开发区在早期发展中拥有国家给予的优惠措施。在近几年的发展中，也十分关注和运用吸引投资与促进企业发展的各项政策，取得了显著成效。

地方开发区虽然没有国家级开发区的先天优势，但在我国加入世贸组织后，特别是在改革开放不断深化的新常态下，也拥有着较多的发展机遇和自主权限，具备全面加快发展的基础和空间。

许多地方政府高度重视地方开发区的发展，部分开发区与所在区域管理机构高度统一，许多地方领导兼任地方开发区的负责人，对统筹、协调开发

区的发展提供了便利，提高了工作效能。

在工作机制和产业政策上，地方开发区拥有充分的策划空间，完全有能力建立起灵活、高效的工作机制，制定切实可行且具有地方特色的产业发展政策。

7.8.4　地方开发区应特别重视产业发展、招商引资及企业服务人才培养和队伍建设

国家级开发区在设立之初就非常重视招商引资工作，往往把招商引资工作作为开发区发展的生命线，把企业视为开发区的“上帝”，首创“一个窗口”对外和“一条龙”服务的招商引资、企业服务模式。

招商引资不仅成为各个国家级开发区的首要任务，而且在部门设立、人员配备、工作经费、办公和交通通信设备、对外宣传与交流等方面予以充分保障。在部门设立上，通常设立有招商局（或称投资促进局、产业促进局等），有时从分工和相互配合、促进角度上，在开发区管委会和开发区总公司同时设立多个招商机构。

随着国家级开发区的日益发展壮大，企业数量的不断增多，对已入区企业的服务和产业发展的促进也引起重视，部分开发区先后成立了专门的企业发展服务部门（职责类似于地方政府的经济与信息化委员会，对应于国家工业和信息化部）。在对入区企业的运行、发展监测、政策支持、沟通联络、转型升级、提质增效、扩大生产以及对外投资等方面给予全方位支持和服务。

在人员配备上，国家级开发区一般会选派年富力强的人员（项目经理）充实到招商引资部门，保证项目洽谈和跟踪服务的专一性，实行“项目经理负责制”，项目经理全程负责项目信息的采集、筛选、评估、跟踪，负责项目入区洽谈、选址、引进、签署协议，乃至协助办理立项、规划、土地、环评、工商、税务、海关、消防、建设等一系列手续。同时，在知识结构上，要求项目经理应具备经济、外语或相关产业技术等学历背景，熟悉招商引资工作中涉及的相关方面的理论和实际操作知识，特别是相关法律知识和政策规定，了解掌握开发区发展状况，具备较强的文字能力和交流交往素养及相关工作技能。

招商引资队伍的建设水平在相当程度上影响着开发区的发展进程。例

如，北京经济技术开发区产业促进部门在人员最多时配备了100多人（部门公务员正式编制只有28人，下属事业单位编制只有10人，大部分人员采用聘用制等方式解决），庞大、专业的招商队伍和灵活的管理模式有效地促进了开发区招商引资、产业发展和企业服务工作。

相对于国家级开发区，地方开发区由于起步晚、底子薄，在招商队伍建设上不占有优势，所以更应重视产业发展、招商引资和企业服务的队伍建设，从根本上提升开发区的核心竞争力与发展速度和质量。

7.8.5 积极与国家级开发区或产业发展平台结对，合作共建产业园区

地方开发区在产业规划、特色发展、环境建设、体制机制，以及招商引资、产业和企业服务专业队伍等核心发展方面存在不足，如何弥补短板，抓住历史机遇，形成特色优势，提升地方经济社会发展核心竞争力是大多数地方开发区面临和急待解决的问题。

本书以国家级开发区产业协同发展为重点研究对象，进行多角度分析和比较研究，对地方开发区有着重要的借鉴作用和参考价值。地方开发区可以从中找到参照物，有比较、有鉴别地学习和提升，起到事半功倍的作用。

在上述重点分析的基础上，京津冀地方开发区可充分利用2015年发起成立的“京津冀开发区创新发展联盟”，这个京津冀众多开发区所共同拥有的，独特和创新的公共服务平台，资源共享，共同谱写京津冀开发区协同发展的新篇章。

“京津冀开发区创新发展联盟”为大家搭建的公共服务平台涉及开发区发展的多个方面、多个要素，其中较为全面和可持续发展的就是合作共建模式甚至是合作共建园区。

合作共建模式（以要素合作和服务为主）比较灵活，可以以开发区为单位进行全面合作；也可以以某一优势或特色产业为主，开展对接、合作；也可以从产业研究、成果转化、人才或技术交流、支持、培训；产能合作、产销对接、产业转移、项目引荐等多个角度和要素入手开展合作。在合作共建方面京津冀众多开发区已做出了有益尝试，例如，中关村高新技术产业开发区较早探索和推广了合作共建模式，根据2018年版《中国开发区审核公告目录》，在北京地区中关村就有8家合作共建园区，在京津冀以及其他地区建

立了许多共建园区，有效促进了科技成果的转化和落地，带动了其他国家级和地方开发区的发展。

合作共建园区（不仅包括上述的合作共建模式，还包括合作双方的共同投资、共同管理、利益共享等）也是协同发展的有益尝试。由于合作共建园区的投入较大、周期较长，有时还会涉及双方机构设置、人员编制、合作机制、合作范围、资金投入、项目储备等方面，运行起来需要合作双方政府的协调、配合，需要执行机构的真抓实干、有效对接和强力推动。

合作共建园区在各地均有探索，不同地区和开发区发挥各自优势，共同策划协同发展产业基地。例如，2014年7月31日，北京市与河北省签署《共同打造曹妃甸协同发展示范区框架协议》，规划100平方公里现代产业发展试验区，作为承接北京“非首都核心功能”，推进北京产业转移，承担国家重大科技项目的重要平台。2015年6月，北京、河北两地主管领导再次亲临现场研究谋划、督促指导，共同研究确定协同发展示范区建设的重大事宜，推动各项工作全面提速，组建北京（曹妃甸）协同发展示范区管委会筹备组，北京市派出了约10人的工作团队，挂职曹妃甸协同发展示范区，两地共同组建示范区建设投资有限公司。2015年9月25日，《北京（曹妃甸）现代产业发展试验区产业发展规划》正式发布，以实现示范区与北京的同城化发展为远期目标，2015年12月18日，两个机构正式揭牌。

合作共建是协同发展的重要路径，不仅可以发挥国家级开发区成熟产业和企业在产业、技术、人才、经营、模式、理念、市场等方面的优势，促进转型升级、提质增效，还可以解决其自身在本地难以解决的发展外延、对外投资、规模扩张、降低成本、合理布局、空间不足等问题。

此外，合作共建还可以有效地辐射带动和帮扶地方开发区的发展，发挥地方开发区空间资源较为充裕、劳动力综合成本较低、接近原料产地等优势，弥补地方开发区经验不足、基础薄弱、研究不足、队伍年轻等问题，通过共建平台有效快速地探索地方开发区的发展特色和模式，完善产业链条，促进城市群的形成和发展。

参考文献

[1] Haken H, Schwarzer E. Theory of the influence of the coherent or incoherent motion of triplet excitons on NMR [J]. Chemical Physics Letters, 1974, 27 (1): 41-46.

[2] Porter M E. Industrial organization and the evolution of concepts for strategic planning: the new learning [J]. Managerial & Decision Economics, 1983, 4 (3): 172-180.

[3] Antonelli C. Localized technological change, new information technology and the knowledge-based economy: the european evidence [J]. Journal of Evolutionary Economics, 1998, 8 (2): 177-198.

[4] Nils Stieglitz. Industrial dynamics of the new and old economy-who is embracing whom [J].Copenhagen/Elsinore, 2002 (June): 6-8.

[5] 李琮.世界经济百科辞典 [M].北京:经济科学出版社,1994.

[6] 李岚清.中国利用外资基础知识 [M].北京:中共中央党校出版社,中国对外经济贸易出版社,1995.

[7] 刘振新,安慰.珠三角城市群的形成与发展 [J].同济大学学报(社会科学版),2004 (10): 72-77.

[8] 吴晓波,曹体杰.高技术产业与传统产业协同发展机理及其影响因素分析 [J].科技进步与对策,2005 (3): 7-9.

[9] 胡新智.中国国家级经济技术开发区产业集群效果分析 [J].管理评论,2005 (7): 20-26.

[10] 蒋选,杨万东,杨天宇. 产业经济管理 [M].北京:中国人民大学出版社,2006.

[11] 郭小碚,张伯旭.对开发区管理体制的思考和建议——国家级经济技术开发区调研报告 [J].宏观经济研究,2007 (10): 9-14.

[12] 邓春玉.我国开发区管理体制创新趋势分析——兼论广东湛江国家级经济技术开发区东海岛新区管理体制 [J].城市发展研究,2007 (1): 111-118, 126.

[13] 张占录,李永梁.开发区土地扩张与经济增长关系研究——以国家级经济技术开发

区为例［J］.中国土地科学，2007（6）：4–9.
［14］徐力行，高伟凯. 产业创新与产业协同——基于部门间产品嵌入式创新流的系统分析［J］. 中国软科学，2007（6）：131–134.
［15］朱立龙，张建同，孙遇春.我国国家级经济技术开发区综合指标评价研究［J］.科学管理研究，2008（4）：50–54.
［16］齐二石，孔海宁，刘晓峰，等.基于DEA方法的我国国家级经济技术开发区效率评价［J］.西安电子科技大学学报（社会科学版），2008（5）：1–6.
［17］李岚清. 突围——国门初开的岁月［M］.北京：中央文献出版社，2008：65–75.
［18］葛顺奇，田贵明.国家级经济技术开发区的经济发展及其面临的问题［J］.世界经济研究，2008（12）：10–16，84.
［19］傅晓.中心城区国家级经济技术开发区转型和提升研究［D］.上海社会科学院，2009.
［20］祝尔娟. 京津冀一体化中的产业升级与整合［J］. 经济地理，2009，29（6）：881–886.
［21］赖茂生，闫慧，叶元龄，等. 内容产业与文化产业整合与协同理论和实践研究［J］. 情报科学，2009，27（1）：12–16.
［22］赵丽凤.吉林省国家级经济技术开发区提升竞争力研究［D］.吉林财经大学，2010.
［23］戴宏伟，刘敏.京津冀与长三角区域竞争力的比较分析［J］.财贸经济，2010（1）：127–133.
［24］朱立龙，尤建新，张建同，等.国家级经济技术开发区综合评价模型实证研究［J］. 公共管理学报，2010（2）：115–121.
［25］姚士谋，等.我国城市群总体发展趋势与方向初探［J］.地理研究，2010（8）：1345–1354.
［26］戴桂林，张艳蕾.国家级经济技术开发区战略转型升级模式探讨［J］.东岳论丛，2011（9）：133–138.
［27］张淑莲，胡丹，高素英，等. 京津冀高新技术产业协同创新研究［J］. 河北工业大学学报，2011，40（6）：107–112.
［28］祝尔娟. 京津冀产业发展升级研究［M］.北京：中国经济出版社，2011.
［29］王燕，谢蕊蕊.天津经济技术开发区工业产业竞争力研究［J］.城市探索，2011（12）：10–12.
［30］刘东生，马海龙.京津冀区域产业协同发展路径研究［J］.未来与发展，2012

（7）：48–51.

［31］周晶.战略性新兴产业发展现状及地区分布［J］.统计研究，2012（9）：24–30.

［32］柳金红.我国经济技术开发区经济运行效率研究［D］.大连理工大学，2013.

［33］郑亮.国家级经济技术开发区建设对呼和浩特经济发展的影响［D］.内蒙古大学，2013.

［34］王建峰.区域产业转移的综合协同效应研究［D］.北京交通大学，2013.

［35］于亚琴.天津经济技术开发区对天津城市发展的影响研究［D］.天津师范大学，2013.

［36］王成江.国家级经济技术开发区发展潜力评价——基于安徽省经济技术开发区的实证研究［J］.科学管理研究，2013（1）：71–74.

［37］李正信."再工业化"美国的战略选择［N］.北京：经济日报，2013–4–17（9）.

［38］王兴明. 产业发展的协同体系分析——基于集成的观点［J］. 经济体制改革，2013（5）：102–105.

［39］吴子玉，卢海宁.长三角区域经济发展报告［J］.调研世界，2013（7）：8–11.

［40］樊秀峰，康晓琴.陕西省制造业产业集聚度测算及其影响因素实证分析［J］.经济地理，2013（9）：115–119，160.

［41］许晓艾.开发区建设对城市发展影响作用分析［D］.辽宁师范大学，2014.

［42］丁悦，蔡建明，任周鹏，等.基于地理探测器的国家级经济技术开发区经济增长率空间分异及影响因素［J］.地理科学进展，2014（5）：657–666.

［43］何平，陈丹丹，贾喜越.产业结构优化研究［J］.统计研究，2014（7）：31–37.

［44］孙久文，张红梅.京津冀一体化中的产业协同发展研究［J］.河北工业大学学报（社会科学版），2014（3）：1–7.

［45］孙久文，原倩. 京津冀协同发展战略的比较和演进重点［J］. 经济社会体制比较，2014（5）：1–11.

［46］张贵，王树强，刘沙，等. 基于产业对接与转移的京津冀协同发展研究［J］.经济与管理，2014，28（4）：14–20.

［47］张文庆.中国国家级经济技术开发区发展研究［D］.上海社会科学院，2015.

［48］刘畅.产城融合目标下京津冀城市群国家级经济技术开发区新城化研究［D］.首都经济贸易大学，2015.

［49］江果.京津冀节能环保产业链构建研究［D］.河北经贸大学，2015.

［50］李晓欣.京津冀区域产业一体化发展的统计研究［D］.天津财经大学，2015.

［51］张贵，梁莹，郭婷婷.京津冀协同发展研究现状与展望［J］.城市与环境研究，2015（1）：76–88.

［52］刘雪芹，张贵. 京津冀区域产业协同创新能力评价与战略选择［J］. 河北师范大学学报（哲学社会科学版），2015（1）：142–148.

［53］薄文广，陈飞.京津冀协同发展：挑战与困境［J］.南开学报（哲学社会科学版），2015（1）：110–118.

［54］马俊炯.京津冀协同发展产业合作路径研究［J］.调研世界，2015（2）：3–9.

［55］王晓文，王卓. 京津冀产业协同成熟度研究［J］. 北京联合大学学报，2015，29（2）：74–77.

［56］柳天恩.京津冀协同发展：困境与出路［J］.中国流通经济，2015，29（4）：83–88.

［57］王业强，魏后凯."十三五"时期国家区域发展战略调整与应对［J］.中国软科学，2015（5）：83–91.

［58］邹佳玲，刘春腊，尹国庆，等.中国与"一带一路"沿线国家贸易格局及其经济贡献［J］.地理科学进展，2015（5）：498–605.

［59］张玥，乔琦，姚扬，等.国家级经济技术开发区绿色发展绩效评估［J］.中国人口·资源与环境，2015（6）：12–16.

［60］韩晶，刘俊博，酒二科.北京融入国家"一带一路"战略的定位与对策研究［J］.城市观察，2015（6）：47–54.

［61］马勇，刘军.长江中游城市群产业生态化效率研究［J］.经济地理，2015，35（6）：124–129.

［62］黄剑辉，李洪侠. "一带一路"战略视阈下我国区域经济的协调发展［J］.税务研究，2015（6）：22–30.

［63］管军，等，京津冀一体化河北省钢铁产业转型升级效果评价指标体系构建及应用研究［J］，河北工程大学学报（社会科学版），2015（6）：1–5.

［64］孙虎，乔标.京津冀产业协同发展的问题与建议［J］.中国软科学，2015（7）：68–74.

［65］京津冀协同发展领导小组办公室负责人就京津冀协同发展有关问题答记者问［N］.人民日报，2015–08–24（6）.

［66］李春生.京津冀协同发展中的产业结构调整研究［J］. 企业经济，2015（8）：141–145

[67] 梁勇.京津冀之于“一带一路”的历史地位[J].石家庄学院学报，2015（9）：17-22.

[68] 陈万钦，霍小龙.推进国际钢铁产能合作若干问题的思考——以河北钢铁产能“走出去”为例[J].国际经济合作，2015（9）：23-38.

[69] 刘雪芹，张贵.京津冀产业协同创新路径与策略[J].中国流通经济，2015，29（9）：59-65.

[70] 王娟娟.京津冀协同区、长江经济带和一带一路互联互通研究[J].中国流通经济，2015（10）：65-70.

[71] 胡迟.把握制造业转型升级的重要方向[N].经济日报，2015-10-17（7）

[72] 黄群慧，韵江，李芳芳.“一带一路”沿线国家工业化进程报告[M].北京：社会科学文献出版社，2015.

[73] 周龙.京津冀高技术产业技术创新效率评价与协同创新机制研究[D].天津理工大学，2016.

[74] 贾淑颖.京津冀装备制造业协同发展机制研究[D].天津师范大学，2016.

[75] 张其仔，中国产业竞争力报告[M].北京：社会科学文献出版社，2016.

[76] 李永全，王晓泉.“一带一路”建设发展报告2016[M].北京：社科文献出版社2016.

[77] 丁悦，杨振山，蔡建明，等.国家级经济技术开发区经济规模时空演化及机制[J].地域研究与开发，2016（1）：51-56.

[78] 邬晓霞，卫梦婉，高见.京津冀产业协同发展模式研究[J].生态经济，2016，32（2）：84-87.

[79] 李文增.“十三五”时期天津如何更好地发挥在“一带一路”战略中的重要作用[J].环渤海经济瞭望，2016（3）：47-54.

[80] 徐永利.国际竞争力视域下京津冀区域产业分工研究[J].河北学刊，2016，36（5）：141-145.

[81] 季宏，张小晶.制造业产业升级发展模式研究——基于天津经济技术开发区的样本分析[J].中国物价，2016（6）：76-78.

[82] 李新，张鑫.“一带一路”视域下区域一体化发展探析[J].新疆师范大学学报（哲学社会科学版），2016（7）：109-115.

[83] 雷盯函，刘丽莉.“一带一路”战略下天津先进制造业“走出去”的实现路径[J].中国商论，2016（8）：134-135.

[84] 陈洪玮，赵乔．“中国—中亚”产业集群与国际产业链协同机制研究［J］.学术论坛，2016（9）：63-66.

[85] 刘邦凡，王燕，赵兴华，等. 基于京津冀协同发展的河北省利用外资创新分析［J］.中国集体经济，2016（31）：18-19.

[86] 韩霁.国内发明专利拥有量首破100万件［N］.经济日报，2017-01-20.

[87] 毛汉英.京津冀协同发展的机制创新与区域政策研究［J］.地理科学进展，2017，36（1）：2-14.

[88] 周桂荣，任子英.区域产业功能定位重构及协同发展机制创新——以京津冀为例［J］. 区域经济评论，2017（1）：75-80.

[89] 冷苏娅，蒋世杰，潘杰，等.京津冀协同发展背景下的区域综合环境风险评估研究［J］.北京师范大学学报（自然科学版），2017，53（1）：60-69.

[90] 陈婷，郑宝华. 产业协同研究综述［J］. 商业经济，2017（3）：49-53.

[91] 姜安印，刘晓伟．“一带一路”背景下我国西北五省（区）产业结构协同测度及发展研究［J］.新疆社会科学（汉文版），2017（3）：47-53.

[92] 刘慧，刘卫东．“一带一路”建设与我国区域发展战略的关系研究［J］.中国科学院院刊，2017（4）：340-347.

[93] 王丛歌.京津冀产业协同发展研究［J］.法制博览，2017（4）.

[94] 王荔.京津冀产业协同发展的问题及对策分析［J］.华北水利水电大学学报（社会科学版），2017，33（4）：64-67.

[95] 姚战琪．“一带一路”沿线国家OFDI的逆向技术溢出对我国产业结构优化的影响［J］.纵横经济，2017（5）：44-52.

[96] 魏丽华.京津冀产业协同发展困境与思考［J］.中国流通经济，2017（5）：117-126.

[97] 沈慧.《中国创新地图2016》实现创新检测评价可视化——看“图”说话：中国创新次第开花［N］.经济日报，2017-07-03.

[98] 顾阳.逐步成为引领经济增长新引擎——战略性新兴产业渐入佳境［N］.经济日报，2017-07-10.

[99] 熊丽.三大战略：开启区域发展新格局［N］.经济日报，2017-10-11.

[100] 李曦辉．“一带一路”、京津冀协同、雄安新区关系研究［J］.河北学刊，2017（9）：138-143.

[101] 秦洪军，高晗，李宜飞.京津冀文化产业协同发展研究［J］.天津经济，2017（9）：7-10.

[102] 孙彦明.京津冀产业协同发展的路径及对策[J].宏观经济管理，2017(9):64–69.

[103] 郭芳，董树功.关于“十三五”时期推进京津冀开发区协同发展的研究[J].商场现代化，2017(12):139–140.

[104] 王福生，罗哲.甘肃省参与“一带一路”建设的规划与实施[M].北京：社会科学文献出版社，2017.

[105] 刘强，马立平，任韬，等.京津冀国家级开发区产业发展环境研究[M].北京：首都经济贸易大学出版社，2017.

[106] 魏丽华，京津冀产业协同水平测度及分析[J].中国流通经济，2018(7):120–128.